UPPER INTERMEDIATE ARABIC THROUGH DISCUSSION

UPPER INTERMEDIATE ARABIC THROUGH DISCUSSION

20 LESSONS ON CONTEMPORARY TOPICS WITH FLUENCY-BUILDING ACTIVITIES FOR MSA LEARNERS

Nevenka Korica Sullivan

The American University in Cairo Press
Cairo New York

First published in 2023 by
The American University in Cairo Press
113 Sharia Kasr el Aini, Cairo, Egypt
One Rockefeller Plaza, 10th Floor, New York, NY 10020
www.aucpress.com

ISBN 978 1 649 03266 9

Library of Congress Cataloging-in-Publication Data

Names: Korica, Nevenka, author.
Title: Upper intermediate Arabic through discussion : 20 lessons on contemporary topics with integrated skills and fluency-building activities for MSA learners / Nevenka Sullivan.
Description: Cairo; New York: The American University in Cairo Press, 2023.
Identifiers: LCCN 2022040042 | ISBN 9781649032669 (trade paperback) | ISBN 9781649032676 (adobe pdf)
Subjects: LCSH: Arabic language—Textbooks for foreign speakers—English. | Arabic language—Spoken Arabic. | LCGFT: Textbooks.
Classification: LCC PJ6307 .K57 2023 | DDC 492.7/80071—dc23/eng/20221018
LC record available at https://lccn.loc.gov/2022040042

1 2 3 4 5 27 26 25 24 23

Designed by David G. Hanna
Printed in the United States of America

Contents

المحتويات

Introduction

المقدمة

Lively and passionate discussions are a key component of collaborative learning in communicative language classroom. They can be an extremely valuable and effective pedagogical tool for promoting student engagement, developing language skills, improving retention of the material, and increasing motivation to learn. However, they can also be a challenging endeavor. Many of us, teachers and learners alike, have painful memories of attempted discussions that ended in periods of awkward silence, became dominated by a few talkative students, or went off the point entirely and became irrelevant after just a few minutes.

Good classroom discussions rarely "just happen," they require considerable effort and preparation. Many of us may wonder if the time spent on whole class discussion is justified, especially when it is so easy for it to fail. The purpose of this book is to make this task easier. It is designed with the goal to support learners and teachers in intermediate Arabic language classes in their efforts to create classroom discussions that inspire all participants to be engaged and ensure that they have enriching learning experiences. The materials are based on successful classroom discussions in my classes over the past ten years.

At the Upper Intermediate level, learners are able to handle successfully uncomplicated tasks and social situations requiring an exchange of basic information related to the areas of work, school, recreation, and particular interests. They can understand information conveyed in simple, loosely connected texts that have a predictable pattern of presentation and contain predominantly high-frequency vocabulary.

The goal of each discussion in this book is to challenge students towards acquiring more advanced level skills. While intermediate level learners have a command of basic, generic vocabulary related to familiar every-day topics, they need to broaden the range of their vocabulary in a variety of topics of general interest. Their knowledge of basic grammatical structures often needs to be refined as they acquire more complex structures. Unlike beginners, they become more aware of their limitations, and they tend to feel more frustration and overwhelm when they encounter language that is out of their reach.

To facilitate learning and boost motivation, learning materials in this book are built around topics that are engaging and relevant in many cultures. There are twenty units and the topic of each unit is presented in the form of a question, for example: Why do we learn foreign languages? What is a healthy lifestyle? What are pros and cons of living in a tall building? How can we end plastic pollution? Could music change the world? Each unit is broken into the following segments.

Introduction مقدمة

The introduction starts with three small-group discussion tasks to get learners to think about the things they already know about the topic. They explore key vocabulary items and brainstorm preliminary ideas as they begin to explore a topic in more depth.

Reading قراءة

The reading passage is a short article which introduces the topic. It contains several salient examples of language functions and structures that are highlighted in the chapter.

Vocabulary and Expressions مفردات وعبارات

Exercises in this section are designed to recycle new words and expressions and promote long-term retention. Learners are asked to make associations, learn collocations rather than individual words, and arrange vocabulary into semantic clusters to store them in the long-term memory.

Verbs and Verb Forms أفعال وأوزان

In each unit, certain verb forms that happen to be prominent in the main text are chosen to be reviewed and practiced.

Language Functions وظائف لغوية

Language functions refer to the purposes in which we use language to communicate. Each unit focuses on a certain language function and corresponding grammatical structures and connectors that are often used to perform the language function. The goal of this section is to focus on accuracy, raise students' awareness of form, and draw their attention to the details of how particular structures and connectors are used to express meanings.

Role-Playing لعب الأدوار

Incorporating role-playing into the classroom adds variety, opportunities for a lot of language production, active learning, and perhaps a bit of fun. Role-playing allows learners to increase fluency, assess their own progress, engage in peer-correction, and build confidence in a relatively risk-free environment. Since learners are practicing speaking in a conversational situation, this section includes a number of useful phrases they may need when agreeing, disagreeing, interrupting, etc.

Writing كتابة

The goal of the writing task is to give learner an opportunity to review the newly acquired vocabulary, expressions, and structures and refine their accuracy. It also asks them to take time to process and organize their ideas and formulate responses that can be shared in class discussion.

Up for Discussion مطروح للنقاش

Each unit ends in five discussion questions related to the main topic. Students are also encouraged to add several questions of their own and discuss them with their classmates.

Discussion 1: Why Do We Learn Foreign Languages?

النقاش الأول: لماذا نتعلم اللغات الأجنبية؟

Language in Focus

- Giving reasons

Structures and Connectors

- بسبب/لأن/لـ
- بسبب vs. لسبب

Verb Forms

- Verb Form II فعّل
- Verb Form V تفعّل

Introduction مقدمة

1. Work with a partner. Ask each other the questions below.

- أين درستم اللغة العربية حتى الآن؟
- لماذا قررتم دراسة اللغة العربية؟

2. Match up words and meanings.

talking	قرار
decision	اهتمام
belief	تخصُّص
specialization	تحدّث
interest	اعتقاد

3. Rank the following reasons for studying Arabic from most to least common (1–5).

أ) قرار تعلم لغة صعبة .....
ب) الاهتمام بالثقافة العربية .....
ت) التخصص في الدين الإسلامي .....
ث) التحدث مع الأصدقاء العرب .....
ج) الاعتقاد أن العربية لغة مهمة .....

Reading قراءة

4. Read the text.

لماذا يدرس الأجانب اللغة العربية؟

من المعروف أن العربية لغة صعبة، فلماذا يقرر بعض الأجانب تعلمها؟ تحدثنا مع طلاب قسم اللغة العربية في الجامعة الأمريكية بالقاهرة حول هذا الموضوع.

قالت (أريانا) من إيطاليا: في الحقيقة، قررت دراسة العربية لجمال خطها. لكن الآن أدرسها لسبب آخر: فأنا أريد أن أفهم الثقافة العربية بشكل أفضل وأهتم بالأدب العربي بشكل خاص.

وقال حمزة: أنا بريطاني من أصل مصري. أتكلم العامية جيدًا لأنني أتكلم بها مع أهلي في البيت، لكن في الجامعة أركز على دراسة الفصحى بسبب اهتمامي بالدين. أريد أن أدرس في جامعة الأزهر لأتخصص في العلوم الإسلامية.

(ماي) من الصين تقول: قررت دراسة العربية لأهمية هذه اللغة في العالم. فالعربية لغة رسمية لاثنتين وعشرين دولة، وهي إحدى اللغات الرسمية الست في منظمة الأمم المتحدة. هناك أيضًا يوم عالمي للغة العربية.

أما (جوش) من الولايات المتحدة، والمتخصص في العلاقات الدولية، فقد قال: بصراحة قررت دراسة العربية لأسباب سياسية. أريد أن أعمل في إحدى السفارات الأمريكية في الشرق الأوسط لأحسن العلاقات بين الأمريكيين والعرب.

5. Which of the following reasons for learning Arabic are mentioned in the text?

أ) تعلم لغة صعبة
ب) الاهتمام بالعلاقات السياسية
ت) الحصول على وظيفة
ث) التخصص في الدين الإسلامي
ج) معرفة لغة مهمة في العالم
ح) الاهتمام بالثقافة والأدب
خ) السفر إلى الشرق الأوسط

6. Answer the questions.

أ) لماذا بدأت أريانا دراسة العربية؟ لماذا تدرسها الآن؟
ب) لماذا يتكلم حمزة العامية جيدًا ولماذا يدرس الفصحى؟

ت) لماذا تقول ماي إن العربية لغة مهمة؟
ث) لماذا يدرس جوش العربية؟

7. In small groups, act out a dialogue between the students mentioned in the text

8. Follow-up: Find out more about the topics below and present in class.

- جامعة الأزهر
- اللغات الرسمية للأمم المتحدة
- اليوم العالمي للغة العربية

Vocabulary and Expressions مفردات وعبارات

9. Study the following words. In what context is each one used in the text?

to decide	قرّر
department	قِسْم ج أقسام
subject, topic	مَوْضوع ج ات
to be interested in	اهتمّ بـ
to focus on	ركّز على
to specialize in	تخصّص في
importance	أهَمِيَّة
official	رَسْمي
relation	علاقة ج ات
to improve	حسّن

10. Fill in each space with a word from the table above.

أ) يدرس هؤلاء الطلاب في ..... اللغة العربية.
ب) جوش متخصص في ..... الدولية.
ت) حمزة ..... الآن على دراسة الفصحى.
ث) جوش يريد أن ..... العلاقات الأمريكية العربية.
ج) حمزة سـ ..... في العلوم الإسلامية.
ح) ..... أريانا دراسة العربية لجمال خطها.
خ) ماي تدرس العربية لأنها إحدى اللغات ..... في الأمم المتحدة.

د) ..... الأجانب بتعلم اللغة العربية لأهميتها في العالم اليوم.
ذ) جوش يدرس العربية لـ .....هذه اللغة في العلاقات الدولية.
ر) تحسين العلاقات السياسية ليس ..... سهلًا.

11. What springs to mind when you read these phrases?

أ) موضوع صعب
ب) اهتمام كبير
ت) قسم قديم
ث) تخصص مهم
ج) علاقة قوية

12. Complete each sentence with your ideas.

أ) أركز الآن .....
ب) أريد أن أتخصص .....
ت) قررت دراسة العربية .....
ث) أريد أن أحسّن .....
ج) أهتم كثيرًا .....

13. Study the following expressions. In what context is each one used in the text?

it is well known that	من المعروف أنّ
actually	في الحقيقة
especially	بشكل خاص
honestly	بصراحة

14. Complete each statement with your ideas. Compare with a partner.

أ) من المعروف أنّ الخط العربي .....
ب) في الحقيقة، لا يعرف الناس الكثير حول .....
ت) أنا أهتم بشكل خاص ......
ث) بصراحة، العلاقات .....

Verbs and Verb Forms أفعال وأوزان

15. Study form II and form V verbs. Complete this table.

المصدر	المضارع	الماضي	الوزن
		خصص	II
	يتخصص		V
التحسين			II
		تحسن	V

16. Complete the statements below with a word from the table above.

أ) الطلاب الذين يريدون أن ينجحوا في تعلم اللغة يجب أن ..... ساعة كل يوم لدراسة المفردات الجديدة.

ب) طريقة تدريس اللغات الأجنبية ...... كثيرًا بسبب التكنولوجيا.

ت) ليس هناك كثير من الطلاب يريد أن ..... في دراسة الأدب.

ث) الطالب الذي يريد أن ..... الكلام بالعربية يجب أن يعيش في بلد عربي.

17. Do you think the statements above are true or false? Why?

Language Functions وظائف لغوية

Giving Reasons

You can talk about a reason for an action using:

a) بسبب followed by a noun or a phrase in *idafa*, meaning "because of."

followed by a noun/phrase in *idafa* ← بسبب

He is studying Arabic **because of** politics.	يدرس العربية **بسبب** السياسة.
She is studying Arabic **because of** the beautiful script.	تدرس العربية **بسبب** جمال الخط.

b) لأنّ followed by a nominal sentence, meaning "because."

followed by a nominal sentence ← من أجل أنّ لأنّ

We study **because** Arabic is an important language.	ندرس **لأن** العربية لغة مهمة.
We study **because** we want to work in the Middle East.	ندرس **لأننا** نريد أن نعمل في الشرق الأوسط.

c) The particle لـ followed by a noun or a phrase, meaning "for" or "because of."

followed by a noun/phrase ← ل

We study Arabic **for its importance.**	ندرس العربية **لأهميتها**.
I learn Arabic calligraphy **for its beauty**.	أتعلم الخط العربي **لجماله**.

When talking about reasons, you may want to start with a general statement before getting into the specifics. For example, you can say "I am learning Arabic for an important reason and that is. . . ." In this case we use the expression لسبب followed by an adjective.

followed by an adjective ← لسبب

I decided to study Arabic **for an important reason** and that is . . .	قررت دراسة العربية **لسبب** مهم هو . . .
I started studying Arabic **for a strange reason** and that is . . .	بدأت دراسة العربية **لسبب** غريب هو . . .

The plural form of لسبب is لأسباب. Expressions like لأسباب كثيرة/لأسباب مختلفة can be used to delay response and gain some time to think about the answer.

أ : لماذا تحب دراسة اللغة العربية؟
ب: في الحقيقة، أحب العربية لأسباب كثيرة . . . فأولاً . . .

18. Find the above structures in the text and highlight them. Translate the sentences in which they appear into English.

19. Complete the following sentences with your ideas. Compare with a partner.

أ) اللغة العربية صعبة بسبب ..... .
ب) بعض الناس يدرسون العربية لـ ..... .
ت) نحتفل باليوم العالمي للغة العربية في الثامن عشر من ديسمبر لأن ..... .
ث) جامعة الأزهر مهمة بسبب ......
ج) يحب الناس الخط العربي لـ ....
ح) العربية لغة رسمية بالأمم المتحدة لأنّ ..... .

Role-Playing لعب الأدوار

20. Work with a partner to do the following role-play. Change roles.

دور أ	دور ب
أنت صحافي/ة ستكتب/تكتبين مقالة حول اللغات الأجنبية التي يتعلمها الطلاب الجامعيون وأسباب تعلمها.	أنت طالب/ة ستتحدث/تتحدثين مع صحافي حول اللغات الأجنبية التي يتعلمها الطلاب في جامعتك وأسباب تعلمها.

Useful expressions

To make questions sound less intrusive:

Could you tell me why . . . ? — هل يمكنك أن تقول لي لماذا . . .
I wonder why . . . ? — تُرَى لماذا . . . ؟

To introduce something unpleasant or sensitive:

Honestly . . . بصراحة . . .

To correct someone politely:

Actually . . . في الحقيقة . . .

Writing كتابة

21. Write an article for an online youth magazine in response to the question below.

ما اللغات الأجنبية التي يجب أن يتعلمها الشباب العرب اليوم، ولماذا؟

Use the following structures and expressions in your writing.

أ) لأن/بسبب/لـ
ب) من المعروف أنّ . . .
ت) في الحقيقة
ث) بصراحة
ج) بشكل خاص

Up for Discussion مطروح للنقاش

22. Discuss the following questions and add some of your own.

أ) لماذا يدرس بعض الطلاب اللغات الصعبة، مثل العربية والصينية أو الروسية؟
ب) لماذا يقول البعض إن اللغة العربية لغة صعبة للتعلم؟
ت) في رأيكم ما بعض اللغات السهلة للتعلم ولماذا؟
ث) لماذا لا يدرس بعض الناس اللغات الأجنبية؟
ج) ما اللغات الأجنبية التي يجب أن يدرسها الشباب اليوم، ولماذا؟

Discussion 2: Why Do We Study MSA When Arabs Speak in Colloquial?

النقاش الثاني: لماذا ندرس الفصحى والعرب يتكلمون بالعامية؟

Language in Focus

- Expressing Purpose

Structures and Connectors

- ل، كي، لكي، كي لا

Verb Forms

- Verb form IV أفعل

Introduction مقدمة

1. Work with a partner. Ask each other the questions below.

- هل درستم عامية من العاميات العربية ولماذا؟
- لماذا يركز بعض البرامج الجامعية على تدريس الفصحى فقط؟

2. Match up words and meanings.

enjoyment
frustration
benefit
efforts
need

جُهود
احتياج
إحباط
استمتاع
فائدة

3. How important is the knowledge of MSA to be able to do the following? Why?

أ) قراءة الأدب العربي
ب) الحديث مع الأصدقاء العرب
ت) مشاهدة الأفلام العربية
ث) الاستمتاع بالأغاني العربية
ج) قراءة الأخبار باللغة العربية
ح) فهم الدين الإسلامي

Reading قراءة

4. You are going to read an email written by a student of Arabic to his teacher.

أستاذي الفاضل،
تحية طيبة وبعد

اسمي (جاشوا وايت) وأنا طالب في السنة الثالثة. بدأت دراسة اللغة العربية منذ سنتين لأتكلم مع أصدقائي العرب بلغتهم الأم. فأنا من ولاية (ميتشيجان) وعندي كثير من الأصدقاء من أصل عربي، كما أردت أن أتعرف إلى الثقافة العربية بشكل أفضل. بصراحة، السنة الأولى كانت صعبة جدًا وبذلت جهودًا كبيرةً لكي أنطق الأصوات الجديدة وأتعلم كتابة الحروف العربية. وفي السنة الثانية ركزت على تعلم القواعد لأتكلم وأكتب بشكل سليم. وأكملت كل واجباتي ونجحت في امتحاناتي، وحصلت على الدرجة الممتازة في نهاية السنة. ولكن عندما أحاول أن أتكلم مع أصدقائي العرب، أجد أن كلامي بالفصحى مضحك بالنسبة إليهم ويجيبون عليّ بالإنجليزية. في الحقيقة أشعر بالإحباط الشديد. أنا أعرف أن الفصحى مهمة لأنها لغة الثقافة والدين والكتابة الأدبية لكن الكلام مع الناس مهم أيضًا، ولا أحد يتكلم بالفصحى في حياته اليومية. نحن نحتاج إلى معرفة العامية للسفر والعمل والتعرف إلى الناس ومشاهدة الأفلام والاستمتاع بالأغاني العربية. فماذا أفعل الآن كي لا أشعر أن كل جهودي لتعلم العربية بلا فائدة؟

وتفضلوا بقبول فائق الاحترام
جاشوا وايت
طالب في السنة الثالثة

5. Which of the following reasons for learning MSA Arabic are mentioned in the text?

أ) فهم الإسلام
ب) التعرف إلى الثقافة العربية
ت) قراءة القصص والروايات
ث) الاستمتاع بالأغاني العربية
ج) كتابة الرسائل إلى الأصدقاء
ح) السفر إلى الشرق الأوسط
خ) الحصول على الوظيفة

6. Answer the questions.

أ) لماذا قرر جاشوا دراسة العربية؟
ب) ما مشكلته بعد سنتين من الدراسة؟
ت) لماذا يحتاج الطلاب إلى معرفة العربية، في رأيه؟

7. In small groups, act out a dialogue between students and their Arabic professor about studying MSA.

8. Follow-up. Find out more about MSA and dialects. How different are they and when is each one used? Are there dialects that are more similar to MSA than the others?

Vocabulary and Expressions مفردات وعبارات

9. Study the following words. In what context is each one used in the text?

effort	جُهْد ج جُهود
to complete	أكمل
grade	دَرَجة ج ات
funny	مُضْحِك
to answer	أجاب
to feel	شعَر، يشعُر، الشعور بـ
to frustrate	أحبط
to need	احتاج إلى
to enjoy	استمتع بـ
benefit	فائدة ج فَوائد

10. Fill in each space with a word from the table above. Answer each question.

أ) هل ..... إلى وقت طويل لتعلم العربية؟
ب) لماذا ..... الكلام بالفصحى بعض الناس؟
ت) كيف ..... عن السؤال: لماذا ندرس الفصحى؟
ث) ما ..... من تعلم القواعد؟
ج) هل ..... بالاستماع إلى الأغاني العربية؟
ح) متى ...... كل واجباتك يوم أمس؟

خ) لماذا ...... بعض طلاب العربية بالإحباط؟
د) ماذا تفعل عندما تشعر بـ .....؟
ذ) هل الحصول على ...... الممتازة مهم بالنسبة إليك؟
ر) هل تبذلون ..... كبيرة لتعلم الكلمات الجديدة؟

11. What springs to mind when you read these phrases?

أ) جهود كبيرة
ب) تعلم القواعد
ت) الدرجة الممتازة
ث) الإحباط الشديد
ج) الحياة اليومية

12. Complete each sentence with your ideas.

أ) كل الطلاب يحتاجون ..... .
ب) اليوم أشعر ..... .
ت) يستمتع طلاب اللغة العربية ..... .
ث) أريد أن أتعرف ..... .
ج) في نهاية السنة حصلت ..... .

13. Study the following expressions. In what context is each one used in the text?

تحية طيبة وبعد	greetings—opening phrase in a formal email
بذل جهودًا كبيرة	to make great efforts
بشكل سليم	correctly
تفضّلوا بقبول فائق الاحترام	yours sincerely—closing phrase in a formal email

14. Complete each statement with your ideas. Compare with a partner.

أ) بالعربية، نبدأ الإيميل الرسمي بعبارة "تحية طيبة وبعد،" أما بالإنجليزية .....
ب) بذلتُ جهودًا كبيرة لـ.....
ت) من الأشياء التي أريد أن أفعلها بشكل سليم .....

Verbs and Verb Forms أفعال وأوزان

15. Study form IV verbs. Complete the table.

المصدر	المضارع	الماضي	الوزن
		أكمل	IV
		أحبط	IV
		أضحك	IV
		أراد	IV
		أجاب	IV

16. Complete each question with a word from the table above. Answer the questions.

أ) لماذا ..... الكلام بالفصحى العرب أحيانًا؟
ب) متى ..... واجبك لفصل اللغة العربية عادة؟
ت) هل ..... أن تقرأ الأدب العربي؟
ث) لماذا يشعر بعض طلاب اللغة العربية بـ .....؟
ج) هل تعرف ..... عن سؤال "ما أصعب لغة في العالم؟"

17. Guess the meaning of the following form IV verbs. Use three of them in a question, as in the example below.

أشعر – أسمع – أمتع – أفاد – أتعب أخاف

- ماذا يُتعبك في تعلم اللغات الأجنبية؟

Language Functions وظائف لغوية

Expressing Purpose

To express purpose in the affirmative form, you can use one of the following particles ل/كي/لكي. Each one of them is followed by a subjunctive verb, الفعل المضارع المنصوب.

followed by الفعل المضارع المنصوب ← ل/كي/لكي

He is studying Arabic **to talk** to people.	يدرس العربية **ليتكلمَ** مع الناس.
They are studying Arabic **so that they read** literature.	يدرسون العربية **كي يقرؤوا** الأدب.
You are studying Arabic **so that you become** a teacher.	تدرسين العربية **لكي تصبحي** مدرسة.

To express purpose in the negative form, you can use كي لا followed by a subjunctive verb, الفعل المضارع المنصوب.

followed by الفعل المضارع المنصوب ← كي لا

I completed all assignments **so that I don't fail** the class.	أكملتُ كل واجباتي **كي لا أفشل في** الفصل.
They are writing new words down **so that they don't forget** them.	يكتبون كلمات جديدة **كي لا ينسوها**.

Purpose can also be expressed by using the particle ل followed by a noun or a phrase, meaning "for."

a noun/phrase followed by ← ل

We study Arabic **for pleasure.**	ندرس العربية **للمتعة.**
They read the news **to understand** the region.	يقرؤون الأخبار **لفهم المنطقة.**

18. Find the above structures in the text and highlight them. Translate the sentences in which they appear into English.

19. Complete the following sentences. Compare with a partner.

أ) يدرس بعض الطلاب اللغة الصينية كي ......
ب) نشاهد الأفلام العربية لـ .....
ت) أستمع إلى الأغاني العربية لكي .....
ث) تعلمت بعض العبارات بالعامية كي لا ......
ج) أبذل جهودًا كبيرة لـ ......
ح) أحاول أن أنطق الكلمات بشكل سليم كي .....
خ) نقرأ الأدب العربي لكي .....
د) يحتاج الطلاب إلى المساعدة كي لا .....

Role-Playing لعب الأدوار

20. Work with a partner to do the following role-play. Change roles.

دور ب	دور أ
تعتقد/تعتقدين أن الطلاب في الجامعة يجب أن يتعلموا الفصحى فقط.	تعتقد/تعتقدين أن الطلاب في الجامعة يجب أن يتعلموا العامية المصرية أو الشامية.

Useful expressions

To ask a question about the purpose politely:

Could you tell me what's the point of . . . ?	هل يمكن أن تقول لي ما الهدف من . . . ؟

To agree

I am with you. — أنا معك

To disagree in a polite way

I am with you, but actually . . . — أنا معك، لكن، في الحقيقة . . .

Writing كتابة

21. Write an email to your Arabic teacher saying that you want to learn Egyptian Colloquial Arabic instead of MSA. Explain your purpose in learning the colloquial language. Include the following structures and expressions in your writing.

أ) تحية طيبة وبعد
ب) تفضلوا بقبول فائق الاحترام
ت) لـ/كي/لكي/كي لا
ث) بشكل سليم
ج) بصراحة

Up for Discussion مطروح للنقاش

22. Discuss the following questions and add some of your own.

أ) لماذا لا يتكلم العرب بالفصحى في حياتهم اليومية؟
ب) متى يستخدم الناس الفصحى، ولماذا؟
ت) هل يحتاج طلاب اللغة العربية إلى تعلم الفصحى والعامية في نفس الوقت، ولماذا؟
ث) هل هناك عاميات سهلة وأخرى صعبة، ولماذا؟
ج) ما العامية التي تريدون تعلمها، ولماذا؟

٣

Discussion 3: How Can We Learn a New Language Fast?

النقاش الثالث: كيف يمكننا أن نتعلم لغة جديدة بسرعة؟

Language in Focus

- Describing actions

Structures and Connectors

- صفة منصوبة، بـ + المصدر، بشكل + صفة

Verb Forms

- Verb Form V تفعل

Introduction مقدمة

1. Work with a partner. Ask each other the questions below.

- هل تعتقدون أنه من الممكن تعلم لغة جديدة بسرعة؟
- ماذا تفعلون لكي تحفظوا كلمات جديدة بشكل جيد؟

2. Match up words and meanings.

secret
practice
mistake
correcting
partner

مُمارسة
تصحيح
سِرّ
شَريك
خَطَأ

3. Which of the following learning strategies do you use?

أ) ممارسة اللغة مع شريك لغوي يوميًا .....
ب) كتابة كلمات جديدة بشكل واضح. .....
ت) قراءة النصوص بصوت عالٍ .....
ث) الاستماع إلى الأخبار بدقةٍ .....
ج) تصحيح الأخطاء بشكل مستمر .....

Reading قراءة

4. Read the text.

سر النجاح

يحتاج تعلم أي لغة أجنبية إلى وقت طويل وجهد كبير، لذلك يشعر الكثير من الناس بالقلق عندما يفكرون في البدء في تعلم لغة جديدة. فهل يمكن أن

يحقق الطالب تقدمًا كبيرًا بسرعة؟ تحدثنا مع عدد من طلاب اللغة الناجحين وسألناهم عن سر نجاحهم.

(أيشن)، ٢٠ سنة: أنا أخصص ساعة واحدة لتعلم اللغة كل يوم. أركز بشكل خاص على المفردات لأنّني أعتقد أنها أهم من القواعد في البداية. أكتب كلمات جديدة في كراسة ثم أقرؤها بصوت عالٍ، وبعد ذلك أحاول استخدامها في سياقات مختلفة بشكل سليم.

(فلاديمير)، ٢٣ سنة: من الضروري أن أمارس اللغة لمدة ساعة يوميًا على الأقل. أبحث دائمًا عن شريك لغوي لممارسة اللغة، أتكلم معه وأطلب منه أن يصحح لي عندما أخطئ لكي أعبر عن أفكاري بشكل واضح بعد ذلك.

(لينا)، ٢١ سنة: بالنسبة إلي، أحسن شيء هو قراءة الأخبار باللغة التي أتعلمها. في البداية كان الموضوع صعبًا، لكن الآن أستطيع أن أقرأ بسهولة وأستمتع بالقراءة جدًا حتى لو لم أفهم كل شيء تمامًا.

5. Which of the following learning strategies are mentioned in the text?

أ) تعلم القواعد بدِقّة
ب) كتابة مفردات جديدة بشكل واضح
ت) قراءة النصوص بشكل مستمر
ث) قراءة الأخبار بسرعة
ج) الاستماع إلى الأغاني كثيرًا
ح) ممارسة اللغة مع شريك يوميًا

6. Answer the questions.

أ) لماذا يشعر بعض طلاب اللغة بالقلق؟
ب) كيف تتعلم (أيشن)؟
ت) كيف يتعلم (فلاديمير)؟
ث) كيف تتعلم (لينا)؟
ج) ما الشيء المشترك بينهم؟

7. In small groups, act out a dialogue between students about learning strategies.

8. Follow-up. Read about the best methods for learning languages. Present one in class.

Vocabulary and Expressions مفردات وعبارات

9. Study the following words. In what context is each one used in the text?

worry	قَلَق
to achieve	حقّق
progress	تقدُّم
secret	سِرّ ج أسرار
to practice	مارس
to look for	بحَث، يبحَث، البحث عن
partner	شَريك ج شُرَكاء
to correct	صحّح
to make a mistake	أخطأ
to express	عبّر

10. Fill in each question with a word from the table above. Answer the questions.

أ) ما ..... النجاح في تعلم اللغات الأجنبية في رأيك؟
ب) هل ..... اللغة العربية مع شريك لغوي كل يوم؟
ت) لماذا يشعر بعض الطلاب بـ ..... عندما يبدؤون دراسة لغة؟
ث) كيف يمكن أن ..... عن شريك لغوي جيد؟
ج) من يستطيع أن ..... عن أفكاره بشكل واضح بالعربية؟
ح) هل تشعر بالإحباط عندما ..... في الكلام؟
خ) ما الأخطاء التي يجب أن .....ها أولاً، الأخطاء في النطق أم في القواعد؟
د) هل حققتم ..... كبيرًا في العربية منذ السنة الماضية؟

11. What springs to mind when you read these phrases?

أ) شريك لغوي
ب) تقدم كبير
ت) تصحيح الأخطاء
ث) القلق الشديد
ج) قراءة الأخبار

12. Complete each sentence with your ideas.

أ) تعلم اللغة يحتاج .....
ب) يجب أن أبحث .....
ت) أريد أن أعبر .....
ث) يستمتع الكثير من الطلاب .....
ج) أشعر الآن .....

13. Study the following expressions. In what context is each one used in the text?

it is necessary to	من الضروري أنْ
at least	على الأقلّ
aloud	بصَوْت عالٍ
at first	في البداية
even if	حتّى لو

14. Complete each statement with your ideas. Compare with a partner.

أ) من الضروري أن .....
ب) نحتاج إلى شهرين على الأقل لكي .....
ت) كل شيء صعب في البداية، مثلًا .....
ث) القراءة بصوت عالٍ .....
ج) سأستمر في الدراسة حتى لو .....

Verbs and Verb Forms أفعال وأوزان

15. Review verb form V and complete the table.

المصدر	المضارع	الماضي
		تقدم
	يتعلم	
التخصص		
	يتذكر	
		تعرَّف

16. Complete each statement with a word from the table above.

أ) لا يمكن لأي شخص أن ..... لغة أجنبية في ثلاثة أشهر.
ب) ..... الذي يحققه طالب لغة في السنة الأولى أكبر منه في السنة الثانية.
ت) نتعلم كلمات كثيرة كل أسبوع لكن بعد فترة ..... فقط عددًا قليلًا منها.
ث) أريد أن ..... إلى الطرق المختلفة لتعلم اللغة.
ج) الشخص الذي ..... في تعلم اللغة لا يحصل على وظيفة بسهولة.

17. Do you agree with the statements above? Discuss with a partner.

Language Functions وظائف لغوية

Describing Actions

To describe how, where, when, how much, or with what frequency an action is done, we can use:

a) One-word adverb

an indefinite noun or adjective in accusative case

I read **fast**. — أقرأ **سريعًا**.
We study **at night**. — نذاكر **ليلًا**.
They write the homework **daily**. — يكتبون الواجب **يوميًا**.

b) Prepositional adverb

followed by a *masdar* ← بـ

I read **fast**. — أقرأ **بسُرعة**.
We speak **fluently**. — نتكلم **بطلاقة**.
They pronounce the words **accurately**. — ينطقون الكلمات **بدِقّة**.

c) Prepositional phrase adverb

followed by an adjective ← بشكل

I learn **constantly**. — أتعلم بشكلٍ **مستمرّ**.
We speak **in a strange way**. — نتكلم بشكلٍ **غريب**.
They are writing the words **precisely**. — يكتبون الكلمات **بشكلٍ دقيق**.

18. Find the above structures in the text and highlight them. Translate the sentences in which they appear into English.

19. Talk about the things that you do:

أ) سريعًا
ب) كثيرًا
ت) بصعوبة
ث) بسهولة
ج) بشكل جيد
ح) بشكل مستمر

Role-Playing لعب الأدوار

20. Work with a partner to do the following role-play. Change roles.

دور ب	دور أ
أنت طالب/ة وستتحدث/تتحدثين مع باحث/ة يدرس/تدرس الاستراتيجيات التي يستخدمها الطلاب في تعلم اللغات.	تقوم/تقومين ببحث حول الاستراتيجيات التي يستخدمها الطلاب في تعلم اللغات.

Useful expressions

Asking for input

How do you study (grammar)?	كيف تذاكر (القواعد)؟
What method do you use to . . .?	ما الطريقة التي تستخدمها لـ . . .؟
What are some strategies for . . .?	ما بعض الاستراتيجيات لـ . . .؟

Moving on

Good. And what about . . .?	طيب، وماذا عن . . .؟
Let's move to another point . . .	دعنا ننتقل إلى نقطة أخرى . . .

Writing كتابة

21. Write an article for a students' newspaper about the best strategies for learning a foreign language fast. Include the following structures and expressions.

أ) بـ + المصدر/بشكل + صفة
ب) من الضرورِي أنّ
ت) على الأقلّ
ث) بصوت عالٍ
ج) حتى لو

Up for Discussion مطروح للنقاش

22. Discuss the following questions and add some of your own.

أ) ما بعض الاستراتيجيات المفضلة بالنسبة إليكم لتعلم المفردات؟
ب) هل من الضروري أن نتعلم القواعد؟ ولماذا؟
ت) ما الأشياء التي تتعلمونها بسرعة؟ ولماذا في رأيكم؟
ث) ما بعض الأشياء التي تتعلمونها بصعوبة؟ ولماذا؟
ج) في رأيكم، ما سر النجاح في تعلم اللغات؟

Discussion 4: What Is the World Going to Be Like in a Hundred Years?

النقاش الرابع: كيف سيكون شكل العالم بعد مائة عام؟

Language in Focus

- Expressing beliefs about the future.
- Expressing uncertainty about the future.

Structures and Connectors

- سيكون – لن يكون
- قد + الفعل المضارع – قد لا + الفعل المضارع

Verb Forms

- Forms I, V, and VIII of the root ن ق ل.

Introduction مقدمة

1. Work with a partner. Ask each other the questions below.

- ما بعض الأشياء التي ستتغير تمامًا بعد مائة عام؟
- وما الأشياء التي لن تتغير كثيرًا في رأيكم؟

2. Match up words and meanings.

tourism
expectations
communication
moving around
transportation

تنقُّل
تواصُل
سِياحة
مُواصلات
توقعات

3. Do you share these expectations about the future? Why?

أ) سوف يتنقل الناس بطائرات بدون طيار. .....

ب) لن يستخدم الناس الهواتف الذكية. .....

ت) قد يسافر الناس إلى المريخ للسياحة. .....

ث) سنتواصل بالأفكار بدون الكلام. .....

ج) ستُبنى المدن تحت سطح الماء. .....

Reading قراءة

4. Read the text.

إجازات في الفضاء ومدن تحت الماء!

كيف سيكون مستقبل العالم خلال السنوات المائة القادمة؟ يتوقع العلماء أن تتغير الحياة كثيرًا خاصةً الطريقة التي نتنقل بها من مكان إلى مكان. ففي المستقبل

القريب ستنتشر السيارات ذاتية القيادة، لكنها لن تستمر طويلًا. وسوف تصبح الطائرات بدون طيار وسيلة المواصلات الرئيسية. وعندما يريد الشخص السفر للسياحة أو للاسترخاء، فإنه لن يتجه إلى وجهات معروفة لنا الآن، بل سيترك الأرض إلى الفضاء الخارجي ليقضي إجازة على سطح القمر أو المريخ.

في الوقت الحالي، لا نستطيع أن نتخيل حياتنا بدون الهاتف الذكي، لكن خبراء التكنولوجيا يتوقعون أن تختفي كل أشكال الهواتف قبل نهاية القرن. سيكون من الممكن أن يتواصل الناس عن طريق التخاطر، أي مباشرة عبر المخ الذي سيُدْمَج بالكمبيوتر. وقد يتحقق ذلك بشكل أسرع مما نتخيل.

أما المدن التي نعيش فيها الآن فإنها يجب أن تتغير بشكل جذري لكي تستوعب زيادة كبيرة في عدد السكان. يظن البعض أن مدن المستقبل ستُبْنَى تحت الماء، في حين يقول آخرون إن ناطحات السحاب ستُبْنَى بشكل مقلوب، أيّ في عمق الأرض وليس فوقها. وبالإضافة إلى ذلك قد ينتقل الناس إلى المريخ للعيش هناك.

وبالطبع، هذه مجرد توقعات قد تتحقق أو لا تتحقق في المستقبل. فما توقعاتكم حول الحياة بعد مائة عام؟

5. Are the following statements true or false?

أ) بعد مائة عام لن يمتلك أحد سيارة. .....
ب) الناس لن يسافروا للسياحة أو الاسترخاء. .....
ت) مخ الإنسان قد يدمج بالكومبيوتر. .....
ث) قد نتواصل بالتخاطر بالمستقبل القريب. .....
ج) المدن الحالية لن تكون مناسبة للحياة. .....
ح) سيعيش الناس تحت الماء وتحت الأرض. .....

6. Answer the questions.

أ) كيف سيتنقل الناس في المستقبل؟
ب) كيف سيتغير السفر خلال الإجازة؟
ت) ماذا سيحدث مع الهواتف الذكية؟
ث) لماذا ستتغير المدن بشكل جذري؟
ج) ما بعض الأفكار حول مستقبل المدن؟
ح) ما إجابتكم عن السؤال في نهاية المقالة؟

7. In small groups, act out a conversation about the future of the world.

8. Follow-up. Read about متحف المستقبل في دبي. Present your findings in class.

Vocabulary and Expressions مفردات وعبارات

9. Study the following words. In what context is each one used in the text?

means	وَسيلة ج وَسائل
to head towards	اتّجه إلى
destination	وُجْهة ج ات
to imagine	تخيل
to disappear	اختفى
brain	مُخّ
to merge	دمَج، يدْمِج، الدَمْج
to absorb	استوعب
skyscraper	ناطحة سحاب
reverse	مَقْلوب

10. Fill in each space with a word from the table above. Discuss each statement.

أ) المريخ سيكون ..... سياحية أجمل من هاواي.
ب) الطائرة بدون طيار ستكون ..... مواصلات ممتازة.
ت) أتخيل أن الهواتف الذكية ســ..... بعد عشر سنوات.
ث) لا أعتقد أنني سأريد أن ..... مخي مع الكومبيوتر.
ج) لن تستطيع الأرض أن ..... كل السكان بعد مائة عام.
ح) فكرة السكن في ..... سحاب في عمق الأرض غريبة جدًا.

11. What springs to mind when you read these phrases?

أ) طريقة التنقل
ب) طريقة التواصل
ت) السفر للاسترخاء
ث) وجهة سياحية معروفة
ج) الفضاء الخارجي

12. Complete each sentence with your ideas. Compare with a partner.

أ) فـي الوقت الحالي .....
ب) بعد سنة من الآن .....
ت) فـي المستقبل القريب .....
ث) خلال السنوات المائة القادمة .....
ج) فـي المستقبل البعيد .....

13. Study the following expressions. In what context is each one used in the text?

through, via	عن طريق
that is	أيْ
while	فـي حين
of course	بالطَّبْع
merely speculations	مُجَرَّد توقّعات

14. Complete each statement with your ideas. Compare with a partner.

أ) سيتجه بعض الناس إلى المريخ للإجازة فـي حين .....
ب) ليس من المؤكد أننا سنسافر إلى المريخ، هذه مجرد توقعات، فإن .....
ت) بالطبع، الناس فـي المستقبل .....
ث) يمكننا أن نتواصل عن طريق .....
ج) ستختفي الهواتف فـي المستقبل القريب، أيْ بعد .....

Verbs and Verb Forms أفعال وأوزان

15. Review form X verbs. Complete the table.

اسم المفعول	اسم الفاعل	المصدر	المضارع	الماضي
				استقبل
			يستوعب	
				استخدم
		الاسترخاء		

16. Complete each sentence with a word from the table above.

أ) ..... مدن الخليج الكثير من الأجانب.
ب) تستطيع المدن الجديدة أن ..... المزيد من الناس.
ت) عندما نصل إلى فندق، نتجه إلى .....
ث) أنا أحب أن ..... في الطبيعة.
ج) وأنتم، كيف ..... بعد العمل؟
ح) ما أفضل مكان لـ ..... في رأيكم؟
خ) ما وسائل التنقل التي سـ ..... الناس في المستقبل؟
د) من الصعب أن نتخيل أننا لن ..... الهواتف في المستقبل.

Language Functions وظائف لغوية

Expressing Beliefs about the Future

When we express beliefs about the future, we use the particle ســ or سـوف followed by an imperfect verb, الفعل المضارع. The particle ســ is usually used when talking about the foreseeable future, while سـوف is used for the more distant future. However, they are often used interchangeably.

followed by an imperfect verb ← سـ/سوف

We **shall communicate** through telepathy.	**سنتواصل** عن طريق التخاطر.
People **will travel** to Mars.	**سوف يسافر** الناس إلى المريخ.

To negate the future, we use the particle لـن followed by a subjunctive verb الفعـل المضـارع المنصـوب.

followed by الفعل المضارع المنصوب ← لن

In the future, **you will not** possess a car.	لن **تمتلكوا** سيارة في المستقبل.
They **will not travel** to Hawaii.	لن **يسافروا** إلى هاواي.

Expressing Uncertainty about the Future

When we are not sure about the future, we use the particle قـد followed by an imperfect verb, الفعـل المضـارع.

followed by الفعل المضارع ← قد

You **might travel** to Mars.	**قد تسافرون** إلى المريخ.
They **might not travel** to known destinations.	**قد لا يسافرون** إلى وجهات معروفة.

17. Find the above structures in the text and highlight them. Translate the sentences in which they appear into English.

18. Complete the sentences below and compare with a partner.

أ) خلال السنوات المائة القادمة، الناس سوف .....

ب) خلال السنوات الخمس القادمة، الناس سـ ......

ت) السفر في القرن القادم لن .....
ث) قد نشاهد .....
ج) قد لا نشاهد ......
ح) من الأشياء التي قد تتغير .....

Role-Playing لعب الأدوار

19. Work with a partner to do the following role-play. Change roles.

دور ب	دور أ
أنت تظن أن الحياة لن تتغير كثيرًا خلال السنوات المائة القادمة.	أنت تظن أن الحياة ستتغير بشكل تام خلال السنوات المائة القادمة.

Useful expressions

Soliciting opinions about the future

What is your opinion on the future of. . .? — ما رأيكم في مستقبل . . .؟

How do you imagine . . .? — كيف تتخيل/ين . . .؟

Expressing opinions

I believe/think that . . . — أعتقد أنّ + الجملة الاسمية

I think that . . . — أظنُّ أنّ + الجملة الاسمية

Writing كتابة

20. Write a letter to your best friend telling them what you imagine your life will be like in ten years and then in fifty years. Include the following structures and expressions in your writing:

أ) سـ/سوف/لن/قد
ب) أيّ
ت) عن طريق

ث) في حين
ج) بصَراحة
ح) بالطَبْع

Up for Discussion مطروح للنقاش

21. Discuss the following questions and add some of your own.

أ) كيف تتخيلون حياتكم بعد عشرين سنةً من الآن؟
ب) ما اللغة التي ستكون منتشرة في العالم في المستقبل؟
ت) هل سوف نكتشف الحياة في الفضاء الخارجي؟
ث) هل ستحبون استخدام السيارات ذاتية القيادة؟ ولماذا؟
ج) هل سيتغير العالم للأفضل أم لا؟ ولماذا؟

Discussion 5: Are Robots Going to Rule the World?

النقاش الخامس: هل ستحكم الروبوتات العالم؟

Language in Focus

- Expressing different degrees of certainty about the future.

Structures and Connectors

- من المؤكد أنّ، في الغالب/على الأغلب، من الممكن أنْ/من المحتمل أنْ

Verb Forms

- Verb form III فاعل

Introduction مقدمة

1. Work with a partner. Ask each other the questions below.

- ما بعض أفكارك حول الروبوتات؟
- كيف سيكون مستقبل الروبوتات؟

2. Match up words and meanings.

humankind
attack
advantage
control
disadvantage

مَزِيّة ج مَزايا
عَيْب ج عُيوب
سَيْطَرة
بَشَر
هُجوم

3. How certain are you that robots will do the following in the future?

هل أنت متأكد/ة أم غير متأكد/ة من أنّ الروبوتات . . .
أ) ستقوم بكثير من الأعمال المنزلية؟
ب) ستشارك في رعاية الأطفال؟
ت) ستتسبب في ارتفاع البطالة في العالم؟
ث) ستهاجم البشر؟
ج) ستحكم العالم؟

Reading قراءة

4. Read the text.

مستقبل الروبوتات، إلى أين؟

من المؤكد أن الروبوتات ستغير حياة الإنسان بشكل جذري. يتوقع العلماء أن يقوم الروبوت في المستقبل القريب بكثير من الأعمال المنزلية مثل التنظيف والطبخ، ويشارك في رعاية الأطفال ومساعدة كبار السن. ولا شك أن للروبوتات مزايا كثيرة لأنها تتفوق على البشر في أشياء كثيرة. فإنها تستطيع أن تقوم بأعمال روتينية بدون الشعور بالملل، كما تستطيع القيام بأعمال صعبة ودقيقة، وكذلك الأعمال التي تشكل خطرًا على صحة الإنسان وحياته. وإضافة إلى ذلك، فإن البشر يحتاجون إلى النوم والراحة، في حين تعمل الروبوتات بشكل مستمر ولا تطلب إجازة أسبوعية أو سنوية.

لكن للروبوتات عيوبًا مهمة أيضًا. ففي الغالب، إنها ستحل محلّ الإنسان في الكثير من الوظائف، وهذا سيتسبب في مشاكل كبيرة في سوق العمل. ومن المحتمل أن تخرج الروبوتات والخوارزميات الأخرى عن سيطرة البشر بعد فترة، وتهاجمهم لتحكم العالم في النهاية. فعلى الأغلب لن يستطيع البشر أن يدافعوا عن أنفسهم أمام الروبوتات ويحافظوا على عالمهم.

قد تبدو هذه الأفكار كأنها خيالية الآن، ولكن هناك كثيرًا من الأفكار الخيالية التي قد تحققت بالفعل. فما رأيكم في هذا الموضوع؟ كيف سيكون مستقبل البشر مع الروبوتات؟

5. Are the following statements true or false?

كاتب المقال يؤكد أنّ الروبوتات:

أ) ستغير حياة الناس تمامًا.
ب) تتفوق على الإنسان في كل شيء.
ت) تحتاج إلى الراحة أحيانًا.
ث) ستفقد جميع العاملين وظائفهم.
ج) ستهاجم البشر في المستقبل القريب.

6. Answer the questions.

أ) كيف يمكن أن تتغير الحياة في البيت في المستقبل القريب؟
ب) ما بعض مزايا الروبوتات في مجال العمل؟

ت) ما بعض عيوب الروبوتات بالنسبة إلى البشر؟
ث) لماذا يعتقد البعض أن الروبوتات تشكل خطرًا على الناس؟
ج) كيف تجيبون عن السؤال في نهاية المقالة؟

7. In small groups, act out a conversation about our future with robots.

8. Follow-up. Find out why algorithms are called الخوارزميات. Present in class.

Vocabulary and Expressions مفردات وعبارات

9. Study the following words. In what context is each one used in the text?

care	رِعاية
advantage	مَزِيّة ج مَزايا
disadvantage	عَيْب ج عُيوب
to outdo, top	تفوق على
control	سَيْطَرة
humankind	بَشَر
to attach	هاجم
to rule	حكَم، يَحكُم، الحُكْم
to defend	دافع عن

10. Fill in each question with a word from the table above. Answer the questions.

أ) هل من المحتمل أن تخرج الروبوتات عن ..... البشر؟
ب) هل تتوقع أن تقوم الروبوتات بـ ..... الأطفال بشكل جيد؟
ت) لماذا ..... الروبوتات على البشر في العمل؟
ث) ما بعض ..... استخدام الروبوتات في المنزل؟
ج) ما بعض ..... الإنسان مقارنة بالروبوت في العمل؟
ح) هل من المؤكد أن الروبوتات سـ ..... العالم في المستقبل؟
خ) كيف سيعيش ..... عندما تقوم الروبوتات بكل الأعمال؟

11. What springs to mind when you read these phrases?

أ) رعاية الأطفال
ب) كبار السن
ت) أعمال صعبة ودقيقة
ث) سوق العمل
ج) أفكار خيالية

12. Complete each sentence with your ideas. Compare with a partner.

أ) لا يحتاج البشر .....
ب) ستتسبب الروبوتات .....
ت) البشر يجب أن يدافعوا .....
ث) سيشارك البشر .....
ج) يجب أن نحافظ .....
ح) سيقوم الناس .....

13. Study the following expressions. In what context is each one used in the text?

there is no doubt that	لا شكّ أنّ
to pose danger to, jeopardize	شّكل خطرًا على
to replace	حلّ محَلّ + اسم
it seems as if	يبدو كأنّ
actually	بالفعل

14. Complete each statement with your ideas. Compare with a partner.

أ) لا شك أنّ .....
ب) من الممكن أن تحل الروبوتات محل .....
ت) يشكل الإنسان خطرًا على .....
ث) بعض الروبوتات تبدو كأنّها .....
ج) من الأفكار الخيالية التي تحققت بالفعل .....

Verbs and Verb Forms أفعال وأوزان

15. Study the form III verbs. Complete the table.

المصدر	المضارع	الماضي
		ساعد
	يشاهد	
الدفاع		
	يحافظ	
		هاجم

16. Use the words from the table to complete the sentences below.

أ) سـ .... الناس الروبوتات لأنها أخذت منهم فرص العمل.
ب) فكرة استخدام الروبوتات لـ ..... المرضى وكبار السن ممتازة.
ت) لن يستطيع البشر أن ..... عن العالم الذي نعرفه اليوم.
ث) من الصعب أن ..... على العلاقات الإنسانية في عالم تحكمه الروبوتات.
ج) ..... على العلاقات الإنسانية مهم لمستقبل العالم.
ح) أحب ..... أفلام الخيال العلمي التي تدور حول مستقبل الروبوتات.

Language Functions وظائف لغوية

Expressing Degrees of Certainty

We can show how sure we are about the future by using the following expressions.

a) **Very sure:** The expression من المؤكَّد أنّ followed by a nominal sentence; "it is certain that . . ."

من المُؤكَّد أنّ ← followed by a nominal sentence

It is certain that robots will attack humans.	**من المؤكد** أنّ الروبوتات ستهاجم البشر.
It is certain that people will move to Mars.	**من المؤكد أنّ** الناس سينتقلون إلى المريخ.

b) **Almost sure:** The expression فـي الغالب/علـى الأغلـب followed by a nominal or verbal sentence; "most likely," "most probably . . ."

followed by a nominal sentence فـي الغالب أنّ/على الأغلب أنّ

Most likely, robots will attack humans.	**في الغالب**، الروبوتات ستهاجم البشر.
Most probably, people will move to Mars.	**على الأغلب**، سينتقل الناس إلى المريخ.

c) **Not sure:** The expressions مـن الممكـن أنْ/مـن المحتمـل أنْ followed by a subjunctive verb; "it is possible," "there is a chance."

followed by a subjunctive verb ← من الممكن أنْ/من المحتمل أنْ

Robots **might** attack us.	**من الممكن** أن تهاجمنا الروبوتات.
It is possible that people will move to Mars.	**من المحتمل أن** ينتقل الناس إلى المريخ.

17. Find the above structures in the text and highlight them. Translate the sentences in which they appear into English.

18. Choose one of the phrases that express different degrees of certainty for each of the statements below and compare with a partner.

أ) الروبوتات ستأخذ فرص العمل من الناس.
ب) سيشهد العالم حربًا بين الروبوتات والبشر.
ت) العالم كما نعرفه سينتهي في المستقبل القريب.
ث) الروبوتات ستحل محل المدرسين في السنوات القليلة القادمة.

ج) ستتكلم الروبوتات لغة جديدة لا يفهمها الناس.
ح) ستشعر الروبوتات بكل المشاعر التي يشعر بها الناس.

Role-Playing لعب الأدوار

19. Work with a partner to do the following role-play. Change roles.

دور ب	دور أ
أنت غير متأكد/ة من أن الحياة مع الروبوتات ستكون أفضل.	أنت متأكد/ة من أن الحياة مع الروبوتات ستكون أفضل.

Useful expressions

Introducing a strong opinion

There is no doubt that . . . — لا شَكَّ أنّ . . .

Introducing a weak opinion

It seems to me that . . . — يبدو لي أنّ . . .

Writing كتابة

20. Should we develop robots to replace human jobs in factories, fast food restaurants, and schools? Justify your answer. Use the following structures and expressions in your writing:

أ) من المؤكد/في الغالب/على الأغلب/من الممكن/من المحتمل
ب) يبدو كأنه . . .
ت) لا شكَّ أنّ
ث) بالفعل

Up for Discussion مطروح للنقاش

21. Discuss the questions below and add some of your own.

أ) ما بعض أفلامكم المفضلة عن الروبوتات؟ ولماذا؟
ب) كيف سيختلف التعليم عندما يحل الروبوت محل المدرس؟
ت) ما المواقف التي يمكن أن تستخدموا فيها هذه العبارة: "أصبحت مثل الروبوت بالفعل"؟
ث) هل من الممكن أن تكون هناك علاقة حب بين الإنسان والروبوت؟
ج) هل ستحكم الروبوتات العالم؟ وما معنى ذلك بالنسبة إلى البشر؟

Discussion 6: What Is a Healthy Lifestyle?

النقاش السادس: ما أسلوب الحياة الصحي؟

Language in Focus

- Giving Advice

Structures and Connectors

- فعل الأمر

Verb Forms

- Forms III and VI

Introduction مقدمة

1. Work with a partner. Ask each other the questions below.

- ما الأكل الصحي بالنسبة إليكم؟
- هل تمارسون الرياضة بانتظام؟ كيف؟

2. Match up words and meanings.

practice
balance
body
tension
style

أُسْلوب ج أَساليب
تَوَتُّر
مُمارسة ج ات
جَسَد ج أجساد
توازُن

3. Do you think that these habits are a part of a healthy lifestyle? Why?

أ) النوم ٦ ساعات يوميًا.
ب) شرب المشروبات الغازية مع الأكل.
ت) تناول الفواكه والخضار كل يوم.
ث) ممارسة الرياضة لمدة ساعة مرتين في الأسبوع.
ج) الشعور بالقلق والتوتر في العمل.

Reading قراءة

4. Read the text.

كيف نعيش حياة صحية؟

الصحة أهم شيء عند الإنسان ولا بد من الحفاظ عليها. ولا شك أن أسلوب الحياة الصحي أفضل طريقة لتجنب الأمراض وتحسين حالة الإنسان الصحية بشكل عام. إن عاداتنا اليومية في الأكل والشرب والنوم والراحة تؤثر في صحتنا، إما بشكل إيجابي أو بشكل سلبي. فما العادات اليومية الجيدة التي تساعد في تحسين الصحة؟ قد يرى البعض أنه يكفي أن نأكل الطعام الصحي ونتجنب المشروبات المليئة بالسكر ونمارس الرياضة كل يوم، لكن هذا ليس صحيحًا.

تؤكد الدراسات أن الحالة النفسية تؤثر في الصحة الجسدية للأفراد، كما تؤثر في حياتهم الاجتماعية والعملية. إن الناس السعداء والمتفائلين الذين يتعاملون مع مشاكل الحياة بطريقة إيجابية، يتمتعون بصحة أفضل من الناس الذين يشعرون بالقلق والتوتر ولا يستطيعون أن يحققوا التوازن بين العمل والعلاقات الإنسانية.

إليكم الآن نصائح الأطباء حول أسلوب الحياة الصحي:

- اشرب الكثير من الماء.
- توقف عن شرب المشروبات الغازية والكحولية.
- تناول الفواكه والخضراوات الطازجة يوميًا.
- استعمل العسل الأبيض بدلًا من السكر.
- اخرج مع أصدقائك مرة في الأسبوع على الأقل.
- نم مبكرًا.
- مارس الرياضة لمدة ساعة كل يوم.
- أقلع عن التدخين.
- تجنب القلق والتوتر.
- كن متفائلًا وتعامل مع المشاكل بطريقة إيجابية.

5. According to the text, which of the following habits are healthy?

أ) شرب كوب من الماء كل يوم
ب) شرب الكوكا كولا "لايت" مع الأكل
ت) أكل الكثير من الخضار والفاكهة
ث) الاستعداد للنوم قبل الساعة الحادية عشرة ليلًا

ج) لعب التنس لمدة ساعة مرتين في الأسبوع
ح) التركيز على الأفكار الإيجابية دائمًا

6. Answer the questions.

أ) ما أسلوب الحياة، ولماذا هو مهم؟
ب) كيف تؤثر عاداتنا اليومية في صحتنا؟
ت) ما بعض العادات الإيجابية والأخرى السلبية؟
ث) هل يكفي الاهتمام بالطعام والرياضة وحده؟ لماذا؟
ج) ما بعض النصائح التي لا تتفقون معها؟ ولماذا؟

7. In small groups, act a dialogue between a doctor and a patient seeking advice on a healthy lifestyle.

8. Follow-up. Find out more about the following and present in class.

أ) التدخين في العالم العربي
ب) العادات التي تساعد في تجنب القلق والتوتر

Vocabulary and Expressions مفردات وعبارات

9. Study the following words. In what context is each one used in the text?

to keep	حافظ على
to avoid	تجنب
habit	عادة ج ات
to influence	أثّر في
positive	إيجابي
negative	سَلْبي
to be enough	كَفَى، يَكْفي، الكِفاية
balance	تَوازُن
to deal with	تعامل مع
to give up	أقلع عن
to be optimistic	تفاءل

10. Fill in each space with a word from the table above.

أ) يجب أن ..... القلق والتوتر للحفاظ على الصحة.
ب) الحالة النفسية للشخص ..... في صحته الجسدية.
ت) التدخين يؤثر في الصحة بشكل ..... .
ث) ممارسة الرياضة تؤثر في الصحة بشكل ..... .
ج) لا ..... أن نهتم بالأكل والرياضة فقط، بل يجب أن نهتم بحالتنا النفسية أيضًا.
ح) ..... بين العمل والراحة مهم لصحة الإنسان.
خ) الشخص الذي يريد أن يعيش حياة صحية يجب أن ..... عن التدخين.
د) الأفكار الإيجابية والـ ..... من بين الأشياء المهمة للصحة الجيدة.

11. What springs to mind when you read these phrases?

أ) العادات اليومية الجيدة
ب) التأثير الإيجابي
ت) التأثير السلبي
ث) تجنب الأمراض
ج) تحسين الحالة النفسية

12. Complete each sentence with your ideas. Share with a partner.

أ) يجب أن أقلع ......
ب) توقفتُ .....
ت) القلق يؤثر .....
ث) لا أهتم كثيرًا .....
ج) يجب أن أحافظ .....

13. Study the following expressions. In what context is each one used in the text?

it is necessary	لا بُدَّ من
generally	بشكلٍ عام
either . . . or	إمّا . . . أو
it seems as if	يبدو كأنّ
instead of	بَدَلًا من

14. Complete each statement with your ideas. Compare with a partner.

أ) بشكل عام، الطلاب .....
ب) الرياضة ممكن أن تكون إما ..... أو .....
ت) بدلًا من اللحم، سآكل .....
ث) للحفاظ على الصحة، لا بد من .....

Verbs and Verb Forms أفعال وأوزان

15. Review the verb forms III and VI. Complete the table.

المصدر	المضارع	الماضي
		توازن
	يتفاءل	
التقابل		
	يتعامل	
		تواصل

16. Complete these sentences with a word from the table above.

أ) عندما تكون الحياة صعبة يجب أن ..... .
ب) ..... مهم للصحة العقلية والجسدية.
ت) عندما ..... مع أصدقائنا ونستمتع بأوقاتنا، هذا يؤثر في الصحة بشكل إيجابي.
ث) يجب أن ..... مع الآخرين بشكل إيجابي.
ج) من المهم أن نحقق ..... بين العمل والراحة.
ح) ..... مع المشاكل النفسية مهم لتجنب الأمراض.

Language Functions وظائف لغوية

Giving Advice

We can use imperative verbs to give advice and make recommendations.

Drink a lot of water.	**اشربوا** الكثير من الماء.
Avoid watching TV when eating.	**تجنبوا** مشاهدة التلفزيون مع الأكل.

To learn how the imperative is formed, check Appendix 5.

Remember that the imperative can be used to give orders, commands, warnings, instructions, etc. Pay attention to the intonation and the tone of voice when using the imperative to give advice. When we use the imperative to give orders and commands, we tend to stress each word and speak in a higher pitch. When we use it to give advice, our tone is softer and words are stressed normally.

17. Find the imperative verbs in the text and highlight them. Translate the sentences in which they appear into English.

18. Put the given verb into the correct imperative form for the given pronoun.

أ) ..... اليوجا لتقليل التوتر.	مارس + أنتِ
ب) ..... الأكل في المطاعم.	تجنب + أنتم
ت) ..... على النظام في الأكل.	حافظ + أنتَ
ث) ..... لتكونوا بصحة جيدة.	تفاءل + أنتم
ج) ..... عن مشاعركم السلبية.	عبّر + أنتم
ح) ..... العسل بدلًا من السكر.	استعمل + أنتِ
خ) ..... عشر ساعات كل يوم.	نام + أنتَ
د) ..... عن شرب الكوكاكولا.	توقف + أنتِ
ذ) ..... واجبكم مبكرًا.	أكمل + أنتم

19. Which of the advice above wouldn't you follow? Why?

Role-Playing لعب الأدوار

20. Work with a partner to do the following role-play. Change roles.

دور أ	دور ب
أنت تشعر/تشعرين بالتوتر وحالتك الصحية والنفسية ليست جيدة. اطلب/اطلبي نصيحة من صديق/ة.	قدم/قدمي نصائح لصديق/ة عنده/ها مشاكل صحية ونفسية خاصة بسبب حالة التوتر.

Useful expressions

Asking for advice

What do you think I should do? — ما رأيك، ماذا عليّ أن أفعل؟ بماذا تنصحني؟

I need advice. — أحتاج إلى نصيحة.

Giving advice

You should . . . — عليك أنْ + المضارع المنصوب

My advice is to . . . — أنصحك أنْ + المضارع المنصوب

It is important that you . . . — من المهم أنْ + المضارع المنصوب

Writing كتابة

21. Write an article for a students' newspaper in response to the following question:

ما أفضل النصائح للطلاب الجامعيين كي يعيشوا حياة صحية؟

Use the following expressions and structures in your writing:

أ) فعل الأمر

ب) لا بُدّ من

ت) إما بشكل إيجابي أو بشكل سلبي

ث) بشكلٍ عام
ج) بدلاً من

Up for Discussion مطروح للنقاش

22. Discuss the following questions and add some of your own.

أ) هل تظنون أن أسلوب حياتكم صحي، ولماذا؟
ب) ما الطعام الصحي في رأيكم؟
ت) ما الرياضات التي تمارسونها؟ تكلموا عنها.
ث) هل كل الرياضات تساعد في تحسين الصحة في رأيكم؟
ج) ما بعض نصائحكم للنوم والراحة؟
ح) ما الأشياء التي تتسبب في القلق والتوتر أكثر من غيرها؟
خ) كيف تقللون من القلق والتوتر في حياتكم؟

Discussion 7: How to Overcome Internet Addiction?

النقاش السابع: كيف نتغلب على إدمان الإنترنت؟

Language in Focus

- Giving Advice

Structures and Connectors

- النهي

Verb Forms

- Weak Verbs

Introduction مقدمة

1. Work with a partner. Ask each other the questions below.

- كم ساعة تقضونها على الإنترنت كل يوم؟
- هل من الممكن أن تعيشوا يومين بدون إنترنت؟ لماذا؟

2. Match up words and meanings.

control
behavior
addiction
illness
symptom

إدْمان
سَيْطَرة
سُلوك
عَرَض ج أعْراض
مَرَض ج أمْراض

3. Answer the questions below and compare with a partner.

أ) هل تفتحون مواقع التواصل الاجتماعي بعد الاستيقاظ مباشرة؟
ب) هل تتصفحون الإنترنت أكثر من أربع ساعات يوميًا؟
ت) هل تشعرون بأنكم لا تستطيعون التركيز في العمل والواجبات اليومية؟
ث) هل تفضلون تصفح الإنترنت على الخروج مع العائلة أو الأصدقاء؟
ج) هل تشعرون بالقلق والتوتر في حالة عدم توافر الإنترنت؟

Reading قراءة

4. Read the text.

كيف نتغلب على إدمان الإنترنت؟

يقضي الكثير من الناس وقتًا طويلًا على شبكة الإنترنت، إما للعمل أو للتسوق أو للتسلية. وتتحول هذه العادة أحيانًا إلى الإدمان الحقيقي، فيشعر الشخص المدمن بالرغبة الشديدة في تصفح الإنترنت طوال الوقت، وينشغل به على حساب العائلة والأصدقاء والعمل أو الدراسة، فمن المعروف أن المدمن لا يستطيع أن يسيطر على سلوكه، كما يشعر بالقلق والتوتر في حالة عدم توفر الإنترنت. وهذا من أعراض الإدمان.

إدمان الإنترنت ليس أمرًا بسيطًا، بل هو مرض خطير يؤثر بشكل سلبي في علاقات المدمن العائلية والاجتماعية وفي قدرته على التركيز في العمل أو الدراسة، وبالتالي فإن كل شخص يجب أن يراقب استخدامه للإنترنت ويفهم تأثيره في حياته. إليكم بعض النصائح للتغلب على العادات السيئة والوقاية من إدمان الإنترنت.

- لا تخصص أكثر من أربع ساعات لتصفح الإنترنت كل يوم.
- لا تأخذ هاتفك معك إلى غرفة النوم.
- لا تفتح الهاتف أو الكمبيوتر فور القيام من النوم.
- لا تستخدم الإنترنت للتسلية، بل للعمل والأشياء الضرورية.
- لا تنس أن تتحدث مع أفراد عائلتك وأصدقائك كل يوم.
- لا تشتر أي جهاز جديد متصل بالإنترنت.
- لا تخف، فالحياة بدون إنترنت ممكنة.
- لا تنتظر حتى تفقد السيطرة على سلوكك، اطلب المساعدة من المتخصصين.

5. Are the following statements true or false?

أ) إدمان الإنترنت مرض خطير ومنتشر.
ب) مدمن الإنترنت يفضل تصفح الإنترنت على قضاء الوقت مع أصدقائه.
ت) يشعر بعض الناس بالقلق والتوتر بسبب تصفح الإنترنت طوال الوقت.
ث) مراقبة عدد الساعات التي نقضيها على الإنترنت فكرة جيدة.
ج) الشخص الذي يتصفح الإنترنت أكثر من أربع ساعات في اليوم قد يكون مدمنًا.
ح) مدمن الإنترنت يهتم بعائلته وأصدقائه أكثر من اهتمامه بهاتفه.

6. Answer the questions.

أ) ما أعراض الإدمان على الإنترنت؟
ب) كيف يؤثر إدمان الإنترنت في حياة المدمن؟
ت) كيف يمكن الوقاية من إدمان الإنترنت؟

7. In small groups, act out a conversation between internet addicts and a doctor.

8. Follow-up. Find answer to the questions below and present in class.

أ) ما أكثر الدول العربية استخدامًا للإنترنت؟
ب) ما الدول العربية التي توفر أسرع إنترنت؟

Vocabulary and Expressions مفردات وعبارات

9. Study the following words. In what context is each one used in the text?

to entertain	سلّى، يسلّي، التسلية
to transform to	تحول إلى
to be available	توافر
behavior	سُلوك ج سُلوكيات
symptom	عَرَض ج أعْراض
to be able to	قدِر، يقدِر، القُدْرة على
to watch over, monitor	راقب
to overcome	تغلب على
to prevent	وَقَى، يقي، الوِقاية
immediately after	فورَ + a noun

10. Fill in each space with a word from the table above.

أ) يجب أن ..... عدد ساعات استخدامنا للإنترنت.
ب) مراقبة ساعات استخدامنا للإنترنت تساعد على ..... من الإدمان.
ت) يشعر مدمن الإنترنت بالقلق في حالة عدم ..... الإنترنت.
ث) ليس من الصعب أن ..... مستخدم الإنترنت إلى مدمن.

ج) المدمنون ليس عندهم ..... على التوقف عن استخدام الإنترنت.
ح) يجب أن نتعرف على ..... إدمان الإنترنت.
خ) الشخص المدمن لا يستطيع السيطرة على ....ـه.
د) يبدأ معظم الشباب تصفح الإنترنت ..... استيقاظهم.
ذ) لا نستخدم الإنترنت للعمل والتسوق فقط بل لـ ..... أيضًا.
ر) من الممكن أن ..... على الإدمان لكن هذا ليس سهلًا.

11. What springs to mind when you read these phrases?

أ) أعراض الإدمان
ب) وسائل التسلية
ت) القلق والتوتر
ث) العادات السيئة
ج) استخدام الإنترنت

12. Complete each sentence with your ideas.

أ) بعض الناس لا يقْدِرون .....
ب) إن حُبّ أي شيءٍ يمكن أن يتحول .....
ت) يجب أن نبتعد .....
ث) يمكننا أن نتغلب .....
ج) الإدمان يؤثر .....

13. Study the following expressions. In what context is each one used in the text?

طوال الوقت	all the time
على حِساب + اسم	at the expense of
في حالة + اسم	in case of
وبالتالي فإن	consequently

14. Complete the sentences below. Compare with a partner.

أ) بعض الناس يعملون كثيرًا، على حساب .....
ب) أنا طوال الوقت .....
ت) في حالة تعرُّضي لإدمان الإنترنت، سـ .....
ث) صديقي يقضي أكثر من أربع ساعات على الإنترنت وبالتالي فإن .....

Verbs and Verb Forms أفعال وأوزان

15. Review weak verbs and complete the table below.

الفعل	الماضي - أنا	الماضي- هي	المضارع - نحن	المضارع - هم	المصدر
قضى					
		نسيتْ			
				يعلون	
			نشتري		
	تمنيتُ				

16. Use the words from the table to complete the sentences below.

أ) ..... أصوات الناس الذين يتكلمون عن عيوب الإنترنت.
ب) ..... عشر ساعات على الإنترنت أمس ولم أشعر بالملل.
ت) ..... كيف أتواصل مع الناس وجهًا لوجه بسبب الإنترنت.
ث) ..... أن أستطيع أن أعيش بدون الإنترنت لمدة أسبوع.
ج) ...... صديقتي هاتفًا جديدًا وتقضي ساعات طويلة معه.

Language Functions وظائف لغوية

Giving Negative Advice (Don't . . .)

To give advice in a negative form, we use the negative imperative, i.e., the prohibitive. The negative imperative is formed by using the negative particle لا and the jussive form of the second person verb.

لا ← الفعل المضارع المجزوم followed by

Don't use the internet more than four hours a day.	**لا تستخدموا** الإنترنت أكثر من أربع ساعات في اليوم!
Don't spend time with people who are addicted to the internet.	**لا تقضِ وقتًا** مع الأشخاص المدمنين على الإنترنت.

To learn how the prohibitive is formed, check Appendix 6.

Remember that the imperative can be used to give orders, commands, warnings, instructions, etc. Pay attention to the intonation and the tone of voice when using the imperative to give advice. When we use the imperative to give orders and commands, we tend to stress each word and speak in a higher pitch. When we use it to give advice, our tone is softer and words are stressed normally.

17. Find the above structures in the text and highlight them. Translate the sentences in which they appear into English.

18. Put each given verb in the prohibitive for the given pronoun.

أ) لا ..... الإنترنت في الصباح.	تصفح + أنتم
ب) لا ..... مراقبة استخدامك للإنترنت.	نسي + أنتِ
ت) لا ..... إلى شخص مدمن.	تحول + أنتَ
ث) لا ..... الهواتف داخل الفصل.	استخدم + أنتم
ج) لا ..... الأفلام على الإنترنت.	شاهد + أنتِ
ح) لا ..... ساعات طويلة على الإنترنت.	قضى + أنتم
خ) لا ..... أكثر من هاتف ذكي واحد.	اشترى + أنتَ
د) لا ..... عن مقابلة أصدقائك.	توقف + أنتِ
ذ) لا ..... بالقلق في حالة عدم توافر الإنترنت.	شعر+ أنتم

19. Which of the above is the best advice? Why?

Role-Playing لعب الأدوار

20. Work with a partner to do the following role-play. Change roles.

دور ب	دور أ
عندك صديق/ة عنده/ها مشاكل في الحياة الاجتماعية وفي الدراسة بسبب قضاء وقت طويل على الإنترنت. قدم/قدمي نصيحة للصديق/ة.	تقضي/تقضين وقتًا طويلًا على الإنترنت وحياتك الاجتماعية ليست جيدة. عندك أيضًا مشاكل في الدراسة. اطلب/اطلبي نصيحة من صديق/ة.

Useful expressions

Responding positively to advice

A great idea! Why didn't I think about it?	فكرة ممتازة، لم تخطر لي من قبل!
Good. I'll take your advice.	طيب، سأعمل بنصيحتك.
Sure, I can try this, why not?	أكيد، يمكنني أن أجرب هذا، لم لا؟

Responding negatively to advicee

Good idea, but I need to think about it.	فكرة جيدة، لكن أحتاج إلى التفكير فيها.
I don't think this is the solution, but thanks anyway.	لا أعتقد أن هذا هو الحل، لكن شكرًا على أي حال.

Writing كتابة

21. What advice would you give to people who are about to do the following on the internet?

- التسوق
- التعلم
- التسلية
- البحث عن زوج/زوجة

22. Use the following structures and expressions in your writing.

أ) الأمر والنهي
ب) في حال . . .
ت) على حساب . . .
ث) بدلاً من . . .
ج) وبالتالي فإن . . .

Up for Discussion مطروح للنقاش

23. Discuss the following questions and add some of your own.

أ) هل الإدمان على الإنترنت مرض خطير في رأيك؟ ولماذا؟
ب) ما بعض المزايا والعيوب لاستخدام الإنترنت في التعليم؟
ت) هل يمكنك أن تتخيل حياتك بدون إنترنت لمدة أسبوع؟ كيف ستكون؟
ث) ما بعض وسائل التسلية التي يمكن أن يستخدمها الشباب بدلاً من الإنترنت؟
ج) كيف يساعد الإنترنت في تعلم اللغات الأجنبية؟

Discussion 8: Would You Like to Have a Perfect Memory?

النقاش الثامن: هل ترغبون في ذاكرة مثالية؟

Language in Focus

- Giving more information for someone or something

Structures and Connectors

- صلة الموصول

Verb Forms

- Root ذ ك ر Forms I, II, III, V

Introduction مقدمة

1. Work with a partner. Ask each other the questions below.

- هل لديك ذاكرة قوية أم لا؟ ما بعض الأمثلة على ذلك؟
- هل نسيت أي شيء مهم في حياتك؟ ماذا حدث؟

2. Match up words and meanings.

reminding	
remembering	
memory (e.g., of an event)	
memory (mental faculty)	
studying	

ذاكرة
ذِكْرى ج ذكريات
مُذاكَرة
تذكير
تَذَكُّر

3. Do you agree with these statements?

أ) عندي ذكريات كثيرة من سنوات الطفولة قبل أن أدخل المدرسة.
ب) أتذكر أسماء جميع الطلاب في فصلي في المدرسة الابتدائية.
ت) أنسى أسماء الناس الذين تعرفت إليهم منذ فترة قصيرة بسرعة.
ث) هاتفي الذكي يذكرني بكل المواعيد والمناسبات العائلية المهمة.
ج) عندما أسافر التقط كثيرًا من الصور في كل مكان أزوره.
ح) أعتقد أن النسيان شيء سيئ وأريد أن أقوي ذاكرتي أكثر.

Reading قراءة

4. Read the text.

هل يمكن أن يكون النسيان أفضل من الذاكرة القوية؟

الذاكرة هي القدرة التي تمكننا من تخزين المعلومات واسترجاعها عند الحاجة. لها دور مهم في حياتنا، وفي حقيقة الأمر كل ما نفعله تقريبًا يعتمد على الذاكرة. لكن هذه القدرة العظيمة ليست دائمًا مثالية، فأحيانًا نتذكر أشياء غير مهمة في حين ننسى أشياء مهمة، ونتعرض لمواقف محرجة بسبب النسيان. فمن منا لم ينس اسم شخص تعرف إليه من قبل أو تاريخ مناسبة عائلية مهمة؟ لذلك نبحث دائمًا عن طرق جديدة لتذكير أنفسنا بكل الأشياء التي يجب أن لا ننساها.

هذه الأيام يعتمد معظمنا على الهواتف الذكية لتذكر المواعيد المهمة. كما نعتمد عليها لحفظ ذكرياتنا المسجلة في مئات الصور التي نلتقطها في كل مكان. وعلى الرغم من أننا نفعل ذلك لكي نتذكر، فإن هذا يؤثر في ذاكرتنا بشكل سلبي. فإن الشخص الذي يركز في التصوير لا يركز في اللحظة التي يعيشها، الأمر الذي يجعله غير قادر على تخزين المعلومات في الذاكرة.

لكن يجب أن نتذكر أن الذاكرة ليست دائمًا صديقًا جيدًا، والنسيان ليس بالضرورة عدوًا. فالإنسان يحتاج إلى أن ينسى مشاكله وآلامه ويتخلص من الذكريات السيئة لكي يستطيع أن يستمر في حياته بشكل طبيعي. وكما قال شاعرنا الكبير جبران خليل جبران: "النسيان شكل من أشكال الحرية."

5. Are the following statements true or false?

أ) معظم ما نفعله يعتمد على الذاكرة.
ب) بعض الناس يتذكرون أشياء غير مهمة وينسون أشياء مهمة.
ت) بعض الناس لم ينسوا شيئًا مهمًا في حياتهم.
ث) التقاط الصور لا يساعد في تذكر اللحظات التي عشناها.
ج) ليست للنسيان فائدة في حياة الناس.
ح) يجب أن نتخلص من الذكريات السيئة من أجل حياة سعيدة.

6. Answer the questions.

أ) الذاكرة لها أدوار كثيرة في حياتنا، فما هي؟
ب) ما بعض مشاكل الذاكرة البشرية؟

ت) ما دور التكنولوجيا اليوم في موضوع الذاكرة؟
ث) ما المشكلة التي يتسبب فيها التقاط الصور؟
ج) ما دور النسيان في حياتنا؟

7. In small groups, act out a dialogue about memory and forgetfulness in life.

8. Follow-up. Find out more about the poet جبران خليل جبران and present in class.

Vocabulary and Expressions مفردات وعبارات

9. Study the following words. In what context is each one used in the text?

to enable	مكّن من
to store	خزّن
to retrieve	استرجع
role	دَوْر ج أدْوار
to rely upon	اعتمد على
perfect	مِثالي
situation (life)	مَوْقِف ج مواقف
embarrassing	مُحْرِج
enemy	عَدُوّ ج أعداء
to get rid of	تخلص من

10. Fill in each space with a word from the table above.

أ) لا توجد طريقة ..... لتعلم أي شيء.
ب) كتابة الكلمات الجديدة تساعد في ...... ها في الذاكرة.
ت) أحيانًا نعرف الكلمة لكن لا نستطيع ......
ث) الناس الذين يتعلمون لغة أجنبية يجب أن يتعرضوا لمواقف .....
ج) للذاكرة ..... مهمة في حياتنا اليومية.
ح) كل الناس اليوم ...... على الهاتف لتذكيرهم بالمواعيد المهمة.
خ) ..... من الذكريات السيئة يمكننا من الاستمرار في الحياة.

11. What comes to mind when you read these phrases?

أ) دور مهم في الحياة
ب) قدرة عظيمة
ت) أشياء غير مهمة
ث) مناسبات عائلية مهمة
ج) طريقة مثالية لحفظ الذكريات

12. Complete each sentence with your ideas. Compare with a partner.

أ) الذاكرة القوية تمكّننا .....
ب) يجب أن أتخلص .....
ت) لا أريد أن أعتمد .....
ث) كلنا نتعرض .....
ج) الصور تذكّرني .....

13. Study the following expressions. In what context is each one used in the text?

when needed	عند الحاجة
as a matter of fact	في حقيقة الأمر فإن
to experience a situation	تَعَرَّض لموقف
despite	على الرغم من . . . فإن . . .
necessarily	بالضرورة

14. Complete each statement with your ideas. Compare with a partner.

أ) الذاكرة القوية مهمة في تعلم اللغات، في حقيقة الأمر.....
ب) لا أستطيع أن أسترجع الكلمات الجديدة عند الحاجة بسرعة ولذلك ......
ت) هناك مواقف مفرحة تعرضت لها من قبل، مثلًا .....
ث) على الرغم من أن ذاكرتي ليست مثالية .....
ج) النسيان ليس بالضرورة .....

Verbs and Verb Forms أفعال وأوزان

15. Complete the table.

المصدر	المضارع	الماضي	الوزن
		ذكَر	
	يذكِّر		
التذكر			
	يذاكر		

16. Use the words from the table above to complete the statements below.

أ) أنا لا ..... شيئًا عن السنة الأولى في المدرسة.
ب) أنا لا أحب أن ..... في مكتبة الجامعة.
ت) والدتي .....ني بأعياد ميلاد أبي وإخوتي.
ث) أخطط للسفر لكنني لم ..... الأمر لأحد حتى الآن.
ج) ..... المقالة أنّ النسيان ليس دائمًا شيئًا سلبيًا.
ح) ..... التي تعتمد على حفظ المعلومات ليست مفيدة.

Language Functions وظائف لغوية

Giving Information about Someone or Something

a) Relative Clause

We use relative clauses to give information about someone or something, or to make it clear what person or thing we are talking about. A relative clause starts with the relative pronoun, which can be used only after a definite noun. When deciding which pronoun to use, you need to consider the gender, number, and, for plurals, whether the noun refers to people or things.

The man who forgot his keys arrived.	الرجل الذي نسي مفتاحه وصل.
The woman who forgot her keys arrived.	المرأة التي نسيت مفتاحها وصلت.
The people who forgot their keys arrived.	الناس الذين نسوا مفاتيحهم وصلوا.
The women who forgot their keys arrived.	النساء اللواتي نسين مفاتيحهن وصلن.

When the noun that we want to provide additional information about is an object in the sentence, a resumptive pronoun will be used. If the noun is the direct object, the pronoun will be attached to the verb, and if it is the indirect object, it will be attached to the preposition.

The situation that I remembered is embarrassing.	الموقف الذي تذكرته محرج.
The situation that I experienced is embarrassing.	الموقف الذي تعرضت له محرج.

b) Relative Clause Referring to the Previously Mentioned Idea

Sometimes we want to give more information or to comment, not on a person or thing, but rather on an idea that was expressed in a sentence or a longer stretch of language. We introduce our comment the expression الأمر الذي, which translates as "which." We often use these clauses to introduce an opinion or evaluation of something that was previously mentioned.

My wife forgot my birthday and she did not buy me a present, **which** I hadn't expected.	زوجتي نسيت عيد ميلادي ولم تشتر لي هدية، **الأمر الذي** لم أتوقعه.
Sometimes we forget important things and we remember unimportant things, **which** confirms the idea that we cannot rely on memory.	أحيانًا ننسى أشياء مهمة ونتذكر أشياء غير مهمة، **الأمر الذي** يؤكد فكرة أننا لا نستطيع أن نعتمد على الذاكرة.

17. Find the above structures in the text and highlight them. Translate the sentences in which they appear into English.

18. Complete each sentence with your ideas. Compare with a partner.

أ) الدور الذي .....
ب) المواقف المحرجة التي .....
ت) الذكريات التي .....
ث) الطلاب الذين .....
ج) الطالبات اللواتي .....
ح) الأساتذة الذين ......
خ) الأشياء التي .....
د) الاعتماد على التكنولوجيا يتسبب في فقدان الذاكرة، الأمر الذي .....
ذ) الشخص الذي لا يتذكر شيئًا يفقد هويته، الأمر الذي .....
ر) يقول البعض إن النسيان شكل من أشكال الحرية، الأمر الذي .....

Role-Playing لعب الأدوار

19. Work with a partner to do the following role-play. Change roles.

دور أ	دور ب
تظن/تظنين أن الهواتف الذكية تؤثر في الذاكرة بشكل سلبي وأننا يجب أن لا نعتمد عليها. اعرض/اعرضي وجهة النظر هذه.	تظن/تظنين أن الهواتف الذكية تسهل حياتنا وأن تأثيرها إيجابي بشكل عام. اعرض/اعرضي وجهة النظر هذه.

Useful expressions

Interrupting

One moment please. — لحظة من فضلك.

I am sorry to interrupt, but . . . — أنا آسف/آسفة على المقاطعة، ولكن . . .

Holding the floor

No, do not interrupt me. — لا، لا تُقاطعني.

Please hear me out. — من فضلك اسمعني للنهاية.

Writing كتابة

20. Write a short essay about memory and forgetfulness. Include the following constructions and expressions in your writing:

أ) الذي/التي/الذين
ب) الأمر الذي . . .
ت) في حقيقة الأمر
ث) عند الضرورة/عند الحاجة
ج) بالضرورة

Up for Discussion مطروح للنقاش

21. Discuss the following questions and add some of your own.

أ) هل ترغبون في ذاكرة مثالية؟ لماذا؟
ب) ما الطرق المختلفة التي يستخدمها الناس لتذكيرهم بأشياء مهمة؟
ت) كيف تؤثر الصور في ذاكرتنا في رأيكم؟
ث) كيف تؤثر التكنولوجيا الحديثة في ذاكرتنا؟
ج) لماذا يتذكر الناس نفس الأحداث بشكل مختلف؟

Discussion 9: Can Music Change the World?

النقاش التاسع: هل بإمكان الموسيقى أن تغير العالم؟

Language in Focus

- Expressing ability and possibility

Structures and Connectors

- فعل استطاع + أنْ + الفعل المضارع المنصوب
- فعل أمكن + أنْ + الفعل المضارع المنصوب

Verb Forms

- Verb Form VI

Introduction مقدمة

1. Work with a partner. Ask each other the questions below.

- ما أنواع الموسيقى التي تفضلونها؟
- كيف تؤثر الموسيقى في الناس؟

2. Match up verbs and meanings.

to meet each other
to fight with each other
to understand one another
to coexist
to cooperate

تفاهم
تعايش
تعاون
تقابل
تشاجر

3. Do you agree with the following statements? Why?

أ) أوركسترا (ديوان الشرق والغرب) مشهورة جدًا.
ب) الموسيقى الكلاسيكية أفضل نوع موسيقي.
ت) في إمكان الموسيقى أن تغير مشاعر الناس.
ث) الموسيقى تساعد في حل الصراعات السياسية.

Reading قراءة

4. Read the text.

أوركسترا (ديوان الشرق والغرب): موسيقى من أجل السلام

أوركسترا (ديوان الشرق والغرب) أوركسترا كلاسيكية تجمع موسيقيين شباب من الدول العربية مع موسيقيين شباب من إسرائيل. أسسها الموسيقار الإسرائيلي

(دانييـل بارينبـويم) بالتعـاون مـع المفكـر الأمريكـي الفلسـطيني إدوارد سـعيد عـام ١٩٩٩ مـن أجل التفاهـم والتعايش السـلمي فـي منطقـة الشـرق الأوسـط التـي تشـهد صراعـات سياسـية طويلـة.

يمكن للشـباب العـرب واليهـود فـي المنطقـة أن يعيشـوا فـي مدينـة واحـدة دون أن يتقابلـوا علـى الإطـلاق، وبالتالـي ليسـت عندهـم تجـارب مشـتركة. وعندمـا يجلـس العازفـون فـي الأوركسـترا متجاوريـن لأول مـرة، يشـعرون بأنهـم لـن يسـتطيعوا أن يتعاملـوا مـع الوضـع. لكـن بمجـرد أن يبـدأ العـزف، ينسـون كل اختلافاتهـم لأنهـم يركـزون فـي مـا يوحدهـم وهـو الموسـيقى.

العمـل فـي الأوركسـترا ليـس كلـه قصـة حـب وسـلام، فخـلال الهجـوم علـى غـزة، علـى سـبيل المثـال، تحـول الحـوار بـين العازفـين إلـى مشـاجرات صاخبـة، لكنهـم اسـتطاعوا أن يعبـروا عـن آرائهـم فـي جـو مـن الاحتـرام المتبـادل، الأمـر الـذي سـاعدهم أن يفهمـوا كيـف يفكـر الطـرف الآخـر وبمـا يشـعر.

بطبيعـة الحـال، لا تسـتطيع الموسـيقى أن تقـدم حـلاً للصراعـات السياسـية، لكـن تجـارب هـذه الأوركسـترا تثبـت أنـه فـي إمـكان الشـباب فـي الشـرق الأوسـط أن يتعاملـوا بعضهـم مـع بعـض بـدون عنـف وكراهيـة عندمـا يجـدون فرصـة حقيقيـة للحـوار والتفاهـم والعمـل مـن أجـل هـدف مشـترك.

5. Are these statements true or false?

أ) أوركسترا (ديوان الشرق والغرب) أسسها شخصان.
ب) جميع العازفين في الأوركسترا من إسرائيل.
ت) العلاقات بين الشباب العرب واليهود في إسرائيل متوترة.
ث) العلاقات بين العازفين في الأوركسترا ممتازة.
ج) الأحداث السياسية تؤثر في العازفين بشكل سلبي.
ح) في إمكان العازفين أن يتعاملوا بعضهم مع بعض.

6. Answer the questions.

أ) من أسس الأوركسترا ولماذا؟
ب) كيف يؤثر الصراع في المنطقة في العلاقات الإنسانية؟
ت) ماذا يحدث عندما يتقابل العازفون لأول مرة؟
ث) كيف يتعامل العازفون مع الاختلافات السياسية؟
ج) إلى ماذا يحتاج الشباب لكي يتعامل بعضهم مع بعض بنجاح؟

7. In small groups act out a dialogue between several members of the orchestra.

8. Follow-up. Find out answers to questions below and present in class:

أ) لماذا تحمل الأوركسترا اسم (ديوان الشرق والغرب)؟
ب) من هو (إدوارد سعيد)؟
ت) أين الأوركسترا الآن؟

Vocabulary and Expressions مفردات وعبارات

9. Study the following words. In what context is each one used in the text?

to establish	أسّس
to cooperate	تعاون
conflict	صِراع ج ات
experience	تَجْربة ج تَجارِب
to deal with	تعامل مع
to play an instrument	عزَف، يعزِف، العَزْف
to quarrel, fight	تشاجر
to prove	أثبت
violence	عُنْف
hatred	كَراهية

10. Fill in each space with a word from the table above. Answer each question.

أ) من ..... هذه الأوركسترا؟
ب) مع من ..... الموسيقار الإسرائيلي؟
ت) ما أطول ..... في الشرق الأوسط؟
ث) ما مشكلة ..... عندما يبدؤون العمل في الأوركسترا؟
ج) كيف ..... العازفون مع اختلافاتهم السياسية؟
ح) لماذا لا تتحول الاختلافات إلى ..... وكراهية؟
خ) ماذا ..... هذه التجربة؟

11. What springs to mind when you read these phrases?

أ) صراعات سياسية
ب) تعايش سلمي
ت) احترام متبادل

ث) تعاون ناجح
ج) عنف وكراهية

12. Complete these sentences with your ideas.

أ) يجب أن يتعامل الشباب .....
ب) أحب أن أتعاون .....
ت) عندما نختلف، يجب أن نعبر .....
ث) أحيانًا تتحول المشاجرات .....
ج) من الأفضل أن نركز .....

13. Study the following expressions. In what context is each one used in the text?

for the sake of	من أجل + اسم
at all	على الإطلاق
as soon as	بمجرد أن + الفعل المضارع
for example	على سبيل المثال
naturally; of course	بطبيعة الحال

14. Complete each statement with your ideas. Compare with a partner.

أ) لا أحب ..... على الإطلاق.
ب) يجب أن يتعاون الطلاب من أجل ......
ت) بمجرد أن ..... ، أشعر بالسعادة.
ث) بطبيعة الحال .....

Verbs and Verb Forms أفعال وأوزان

15. Review the verb form VI. Complete the table.

اسم المفعول	اسم الفاعل	المصدر	المضارع	الماضي
				تفاهم
			يتقابل	
		التبادل		
	متعامِل			
		التشاجر		

16. Complete each statement with a word from the table above.

أ) في بعض الدول، الشباب المختلفون لا ..... على الإطلاق.
ب) يجب أن يتعلم الشباب كيف ..... مع الناس المختلفين عنهم.
ت) المشاريع المشتركة تساعد في تحقيق ..... والتعايش السلمي.
ث) الاحترام الـ ...... مهم لحل الاختلافات بين الناس.
ج) من الممكن أن ..... الناس لكن يجب أن يتجنبوا العنف والكراهية.

Language Functions وظائف لغوية

Expressing Ability and Possibility

a) The verb استطاع

We use this verb in the imperfect form to express general ability. It is followed by a subjunctive verb الفعل المضارع المنصوب.

followed by a subjunctive verb ← يستطيع أنْ

Musicians **can influence** people.	**يستطيع** الموسيقيون **أن يؤثروا** في الناس.
Each person **can express** their opinion respectfully.	**يستطيع** كل شخص **أن يعبر** عن رأيه باحترام.

To talk about a general ability in the past, we use the verb كان in the perfect form and يستطيع in the imperfect.

Musicians **could influence** people.	كان الموسيقيون **يستطيعون أن يؤثروا** في الناس.
Each person **could express** their opinion respectfully.	كان كل شخص **يستطيع أن يعبر** عن رأيه باحترام.

When we talk about achieving something on a specific occasion in the past, we use the verb استطاع in the past tense. The verb استطاع, followed by the particle أن and a subjunctive verb, means "he was able to."

استطاع أن ← followed by a subjunctive verb

The musicians **were able to solve** the problem.	**استطاع** الموسيقيون **أن يحلوا** المشكلة.
Young people **were able to meet**.	**استطاع** الشباب **أن يتقابلوا**.

b) The verb أمكن

The verb أمكن can be used to express both ability and possibility.

يمكن + a personal pronoun + أنْ ← followed by a subjunctive verb

He **can/could play** in the orchestra.	**يمكنه أن يعزف** في الأوركسترا.
They **can/could meet**.	**يمكنهم أن يتقابلوا**.

To express the idea that something is in the realm of possibility, we can use the expression في إمكان followed either by a pronoun or a noun in *idafa*. It means "to be possible for someone or something," or "to be in the power of someone or something." It is also followed by أن and a subjunctive verb.

followed by a subjunctive verb ← أنْ + a personal pronoun + يمكن

It is possible for him to become famous.	**في إمكانه أن يصبح** مشهورًا.
It is in the power of youth to end the conflict.	**في إمكان الشباب أن يُنهوا** الصراع.

17. Find the above structures in the text and highlight them. Translate the sentences in which they appear into English.

18. Complete the following statements with your ideas. Compare with a partner

أ) يستطيع الشباب العرب واليهود .....
ب) استطاع العازفون .....
ت) العنف يمكنه .....
ث) الشباب يمكنهم أن .....
ج) يمكن للصراع .....
ح) يمكن للموسيقيين ......
خ) في إمكان الفنانين .....
د) في إمكان الموسيقى .....

Role-Playing لعب الأدوار

19. Work with a partner to do the following role-play. Change roles.

دور ب	دور أ
تعتقد/تعتقدين أنه ليس في إمكان الموسيقى أن تغير الناس. اعرض/اعرضي وجهة النظر هذه.	تعتقد/تعتقدين أنه في إمكان الموسيقى أن تغير الناس. اعرض/اعرضي وجهة النظر هذه.

Useful expressions

Expressing lack of understanding and asking for clarification

I am sorry, I didn't get the idea. أنا آسف/آسفة، لم أفهم الفكرة.

What do you mean by this? ماذا تقصد/تقصدين بذلك؟

Clarification

Let me explain. دعْني/دعيني أشرح لك.

So, in other words . . . يعني، بعبارة أخرى . . .

Writing كتابة

20. Write a short article about the ways in which music could improve students' life at your university:

كيف يمكن للموسيقى أن تحسن حياة الطلاب؟

Include the following structures and expressions in your writing:

أ) يمكنه أن/يمكن لـ... أن/في إمكانه أنْ

ب) على سبيل المثال

ت) بمجرد أن . . .

ث) بطبيعة الحال

ج) من أجل

Up for Discussion مطروح للنقاش

21. Discuss the following questions and add some of your own.

أ) هل تستطيع/تستطيعين عزف آلة موسيقية؟
ب) هل تستطيع/تستطيعين العيش بدون موسيقى؟
ت) هل استطاعت أغنية أن تؤثر فيك بشكل كبير؟
ث) هل في إمكان الموسيقيين أن يؤثروا في الحياة السياسية؟
ج) هل في إمكان الموسيقى أن تحسن حياة الناس؟ كيف؟
ح) هل في إمكان الموسيقى أن تغير العالم؟ كيف؟

Discussion 10: What Are the Qualities of a Successful Leader?

النقاش العاشر: ما صفات القائد الناجح؟

Language in Focus

- Describing people

Structures and Connectors

- إضافة غير حقيقية

Verb Forms

- Active participle in all verb forms

Introduction مقدمة

1. Work with a partner. Ask each other the questions below.

- ما بعض الأمثلة للقائد الناجح في رأيك؟
- هل تريدون أن تكونوا من القادة؟ ولماذا؟

2. Match up words and meanings.

humble
confident
organized
even-tempered
light-hearted

مُنظَّم
مُتواضِع
واثِق بنفسه
خفيف الظِلّ
مُعْتَدِل المِزاج

3. Rank the following qualities according to their importance for leadership from the most to least important (1–6).

أ) التواضع ……
ب) التفاؤل ……
ت) الثقة بالنفس ……
ث) القدرة على التواصل ……
ج) روح الدعابة ……
ح) التنظيم ……

Reading قراءة

4. Read the text.

ما صفات القائد الناجح؟

يسعى كثير من الأشخاص إلى الوصول إلى مراكز قيادية في مجال العمل أو الرياضة أو السياسة وغيرها من المجالات. فما أهم صفات القائد الناجح؟

١) القدرة على التواصل

يجب أن يكون القائد قادرًا على التواصل مع الآخرين بشكل فعّال وإلا فإن أفراد الفريق لن يفهموا ما المطلوب منهم.

٢) التنظيم

يجب أن يكون القائد شخصًا متعدد الاهتمامات قادرًا على القيام بأعمال كثيرة، ولذلك يجب أن يكون منظمًا في مواعيده وأهدافه وأوراقه كي لا يضيع وقته ووقت زملائه.

٣) الثقة بالنفس

الشخص الذي لا يثق بنفسه لا يستطيع أن يقود الآخرين ولا يستطيع أن يؤثر فيهم بشكل إيجابي.

٤) الانفتاح على الآراء المختلفة

بقدر ما يجب أن يكون الشخص القائد واثقًا بنفسه، بقدر ما يجب أن يكون متواضعًا ومنفتحًا على الآراء المختلفة، كي يشعر أفراد الفريق أن هذا الشخص يحترمهم.

٥) الشخصية الإيجابية

القائد الناجح شخص إيجابي ومتفائل، كما يجب أن يكون هادئ الطبع ومعتدل المزاج. ولا يجوز له أن يكون منفعلًا، سريع الغضب أو عصبي المزاج.

٦) روح الدعابة

على الرغم من أن القيادة تتطلب الجدية فإن القائد الناجح يحتاج كذلك إلى روح الدعابة. من المفضل أن يكون الشخص خفيف الظل وقادرًا على رؤية الجانب المضحك من الأمور، خاصة في أوقات الشدة.

5. Are these statements true or false?

القائد الناجح:

أ) يستطيع أن يتواصل مع الآخرين بشكل فعال.

ب) يتعامل فقط مع الناس الذين ينظمون وقتهم بشكل جيد.

ت) يثق بنفسه دائمًا.

ث) لا يهتم بآراء الناس الذين يختلفون معه.
ج) يستطيع أن يسيطر على مشاعره في معظم الأوقات.
ح) يجب أن يكون جادًّا عندما يواجه المشاكل في العمل.

6. Answer the questions.

أ) ما أهم صفات القائد الناجح؟
ب) لماذا يجب أن يكون القائد منظمًا؟
ت) كيف يتعامل القائد مع الناس الذين يختلفون معه في الرأي؟
ث) ما معنى "الشخصية الإيجابية"؟
ج) لماذا يحتاج القائد إلى روح الدعابة؟

7. In small groups, act out a conversation between a life-coach and a person who wants to become a leader about the most important qualities he/she needs to acquire

8. Follow-up. Find out more about the topic below and present in class.

أ) من أشهر القادة العرب في التاريخ؟
ب) من بعض القادة في العالم العربي اليوم؟

Vocabulary and Expressions مفردات وعبارات

9. Study the following words. In what context is each one used in the text?

to lead	قاد، يقود، القيادة
to pursue	سعى، يسعى، السعي إلى
effective	فعّال
team	فريق ج فرق
to waste	أضاع
to open up to	انفتح على
optimist	متفائل
edgy	منفعل
humor	دعابة
to require	تطلب

10. Fill in each space with a word from the table above.

أ) أفراد ..... يجب أن يتعاونوا لتحقيق النجاح في أي عمل.
ب) ..... الكثير من الناس إلى الحصول على مراكز قيادية.
ت) القائد غير المنظم ..... وقته ووقت الناس الآخرين.
ث) الشخص ..... ليس شخصًا مناسبًا للمراكز القيادية.
ج) القدرة على التواصل بشكل ..... أهم صفة في القائد الناجح.
ح) القائد يحتاج إلى روح ..... ليتجاوز المشاكل في العمل.
خ) تتطلب ..... أن يكون الشخص إيجابيًا ومتفائلًا.

11. Who springs to mind when you read these phrases?

أ) شخص غير منظم
ب) شخص هادئ الطبع
ت) شخص منفعل وسريع الغضب
ث) شخص إيجابي ومتفائل
ج) شخص منفتح على الآراء المختلفة

12. Complete each sentence with your ideas.

أ) هذه السنة أسعى .....
ب) من المهم أن نكون منفتحين.....
ت) الشخص الواثق .....
ث) الشخص المنفعل وسريع الغضب يؤثر ......
ج) القائد الناجح يحتاج ......

13. Study the following expressions. In what context is each one used in the text?

otherwise	وإلا فإن + الجملة الاسمية
as much as	بقَدْرِ ما . . . بقَدْر ما
through	من خلال
he is not allowed to	لا يجوز له أن + المضارع المنصوب
in the time of crisis	في أوقات الشِدّة

14. Complete each statement with your ideas. Compare with a partner.

أ) بقدر ما أريد مركزًا قياديًا بقدر ما .....
ب) لا نستطيع أن ننجح في أي عمل إلا من خلال ......
ت) في أوقات الشدة، علينا أن .....
ث) لا يجوز لفرد من أفراد الفريق أن .....
ج) يجب أن نرى الجانب المضحك في المشاكل وإلا فإن .....

Verbs and Verb Forms أفعال وأوزان

15. Review how active participle is formed. Complete the table below.

الوزن	الماضي	المضارع	المصدر	اسم الفاعل
	قاد			
	ناسب			
	أضحك			
	تعدد			
	تواضع			
	انفعل			
	اختلف			
	استخدم			

16. Use each active participle in the chart above in a sentence. Share with a partner.

Language Functions وظائف لغوية

Describing People Using False *Idafa*

To talk about personal characteristics of people we can use false *idafa* – إضافة غير حقيقية. It is an *idafa* in which the first term is an adjective, and the second term is a noun. For example, to describe a person who talks a lot, a talkative person, we can use the adjective كثير meaning "much," as the first term in the *idafa* and the noun كلام meaning "talking," as the second term. The adjective formed in this way literally means "much-of-talking person." The first term of the *idafa* agrees with the noun it describes in gender, number, and case.

a talkative man	رجل كثير الكلام
a talkative woman	امرأة كثيرة الكلام
talkative people	أناس كثيرو الكلام
talkative women	نساء كثيرات الكلام

Unlike the "real" *idafa*, the first term in the false *idafa* can take the definite article:

The talkative man visited me today.	الرجل الكثير الكلام زارني اليوم.

17. Find the examples of false *idafa* in the text and highlight them. Translate the sentences in which they appear into English.

18. Whom could you describe using the false *idafa* below?

طيب القلب – قليل الكلام – متعدد المواهب – طويل الشعر – قصير القامة– سعيد الحظ سريع الغضب– هادئ المزاج

Role-Playing لعب الأدوار

19. Work with a partner to do the following role-play. Change roles.

دور ب	دور أ
أنت أستاذ/ة، عليك اختيار طالب/ة مناسب/ة لقيادة فريق رياضي في الجامعة. عندك مقابلة مع طالب/ة يتقدم/تتقدم لهذا المركز.	أنت تريد/تريدين قيادة فريق رياضي في جامعتك. عندك مقابلة مع الأستاذ/ة للتقدم لهذا المركز.

Useful expressions

To list qualities in order

first	أولًا
first and foremost	أولًا وقبل كل شيء
second, third, fourth, etc.	ثانيًا، ثالثًا، رابعًا، إلخ
then	ثم
finally	أخيرًا
last but not least	أخيرًا وليس آخرًا

Adding information

also	أيضًا/كذلك
in addition	بالإضافة إلى ذلك
furthermore	علاوةً على ذلك

Writing كتابة

20. Write about someone in your life who is a great leader. What qualities does he/she have? Does this person have some negative qualities? What are they? Include the following structures and expressions in your writing:

أ) إضافة غير حقيقية
ب) عدد كبير من الصفات

ت) وما إلى ذلك
ث) بقدر ما . . . بقدر ما
ج) من خلال
ح) لا يجوز أنْ

Up for Discussion مطروح للنقاش

21. Discuss the following questions and add some of your own.

أ) من أفضل قائد في تاريخ بلدك وما صفاته/صفاتها؟
ب) من أسوأ قائد في تاريخ بلدك وما صفاته/صفاتها؟
ت) كيف يختلف القائد في مجال إدارة الأعمال عن القائد السياسي؟
ث) ما ثلاث صفات رئيسية من صفات القائد التي تريد/تريدين اكتسابها ولماذا؟
ج) ما بعض الصفات التي لا تحبها/تحبينها في الشخصيات القيادية ولماذا؟

Discussion 11: Would You Buy a Gun?

النقاش الحادي عشر: هل يمكن أن تشتري سلاحًا؟

Language in Functions

- Describing the state of the doer of an action

Structures and Connectors

- الحال

Verb Forms

- Active participle in all verb forms

Introduction مقدمة

1. Work with a partner. Ask each other the questions below.

- هل عندك تجارب شخصية مع حمل السلاح؟
- لماذا يشتري الناس سلاحًا عادة في بلدك؟

2. Match up words and meanings.

criminal	سِلاح
weapon	سِجْن
theft	مُجْرِم
robbery	سَرِقة
prison	سَطْو

3. What do you think about the statements below? Discuss.

أ) المواطنون يحتاجون إلى السلاح ليحموا أنفسهم.
ب) لا تستطيع الشرطة أن تحمي كل المواطنين من المجرمين.
ت) أعمال السرقة أصبحت واسعة الانتشار في بلدنا.
ث) أي شخص يحمل سلاحًا يحتاج إلى الرخصة.
ج) أي شخص يحمل السلاح مستعد لقتل إنسان آخر.

Reading قراءة

4. Read the text.

من مذكرات مواطن مصري حول ثورة يناير ٢٠١١؟

بعد ثورة ٢٥ يناير ٢٠١١ بعدة أسابيع، جلسنا أنا وأفراد عائلتي في غرفة المعيشة خائفين، فقد انسحبت الشرطة من الشوارع بشكل تام، كما هرب آلاف السجناء

مـن السـجون فأصبحـت أعمـال السـرقة والسـطو علـى المنـازل واسـعة الانتشـار. لذلـك قررنـا أنـا وجيرانـي فـي العمـارة، شـأننا شـأن المواطنـين الآخريـن، أن نحمـي أنفسـنا بأنفسـنا فنظمنـا مـا يسـمى بلجنـة شـعبية تتكـون مـن سـكان العمـارة الذيـن تتـراوح أعمارهـم بـين ١٣ و٧٥ سـنة. ثـم وزعنـا المهـام علـى كل شـخص آخذيـن فـي عـين الاعتبـار قـدرات كل منهـم. فـي البدايـة كان أعضـاء اللجنـة يقفـون أمـام بـاب العمـارة حاملـين العصـي والسـكاكين، لكـن منـذ يومـين تعـرض السـوبرماركت الموجـود فـي العمـارة المجـاورة لنـا لهجـوم مسـلح. وقـد حكـى لنـا صـاحب السـوبرماركت أنـه كان جالسًـا فـي المحـل وإذا بمجموعـة مـن المجرمـين المسـلحين تسـطو عليـه فـي وضـح النهـار. وعندمـا اتصـل بالشـرطة لـم يـرد عليـه أحـد. بعـد ذلـك قررنـا شـراء السـلاح غيـر المرخـص مـن السـوق السـوداء. قمنـا بذلـك مدركـين أن الوضـع بالـغ الخطـورة. لكـن مـا العمـل؟ الشـرطة غائبـة والجيـش يقـول إنـه غيـر مسـتعد للتعامـل مـع المجرمـين. ونحـن نعيـش فـي حالـة مـن القلـق والخـوف والشـعور بعـدم الأمـان ليـل نهـار.

5. Are these statements true or false?

أ) بعد الثورة كان الناس يخافون من الشرطة.
ب) عدد الناس في السجون زاد بعد الثورة.
ت) كان المواطنون يحمون بيوتهم ليساعدوا الشرطة.
ث) اشترى الناس أسلحة ليحموا أنفسهم من المجرمين.
ج) اشترى الناس أسلحة بطريقة غير قانونية.
ح) الناس يحبون الأسلحة النارية أكثر من العصي والسكاكين.

6. Answer the questions.

أ) لماذا جلس أفراد عائلة الكاتب في البيت خائفين بعد الثورة؟
ب) ماذا قرر سكان العمارة؟
ت) كيف نظموا أنفسهم؟
ث) كيف تغيرت طريقة حماية المنازل؟ ولماذا؟
ج) ما رأي الكاتب في شراء سلاح غير مرخص؟

7. In pairs. Act out a conversation between the writer of the article and the owner of the supermarket in the neighboring building.

8. Follow-up. Find out more about the January Revolution in Egypt. Present in class.

Vocabulary and Expressions مفردات وعبارات

9. Study the following words. In what context is each one used in the text?

revolution	ثَوْرة ج ات
to withdraw	انسحب
to flee	هرب، يهرَب، الهرب
to protect	حَمى، يَحْمي، الحِماية
committee	لَجنة ج لِجان
to consist of	تكونَ من
to distribute	وزّع
duty	مَهمّة ج مهام
licensed	مُرخَّص
to realize	أدرك

10. Fill in each space with a word from the table above.

أ) انتشرت بعد الثورة أعمال السرقة بسبب غياب الشرطة.
ب) ..... رجال الشرطة من الشوارع لأنّ الناس كانوا ضد الحكومة.
ت) كانت اللجان الشعبية ..... من ناس عاديين.
ث) كل لجنة شعبية كانت ..... المهام على أعضاء اللجنة حسب قدراتهم.
ج) بعض الناس لا ..... خطورة حمل السلاح.
ح) كان الناس يشترون سلاحًا غير ..... من السوق السوداء.

11. What springs to mind when you read these phrases?

أ) ثورة شعبية
ب) أعمال السرقة
ت) السوق السوداء
ث) توزيع المهام
ج) سلاح غير مرخص

12. Complete each sentence with your ideas.

أ) بعد الثورة تعرض الكثير من الناس .....
ب) يسطو بعض المجرمين .....

ت) الشرطة تتكون .....
ث) لا يتوقع أحد أن تنسحب الشرطة .....
ج) بعض الناس لا يقدرون .....

13. Study the following expressions. In what context is each one used in the text?

several weeks	عِدَّة أسابيع
A like B, . . .	(أ) شأنه شأن (ب)، . . .
so-called	ما يُسَمَّى بـ...
to take into account	أخذ في عين الاعتبار
in broad daylight	في وَضَح النهار

14. Complete each statement with your ideas. Compare with a partner.

أ) بعد اليوم بعدة أسابيع سأ .....
ب) ما يسمى بالحقوق الشخصية ......
ت) المواطنون المصريون، شأنهم شأن المواطنين الأمريكيين .....
ث) عندما نتحدث عن حمل السلاح، يجب أن نأخذ في عين الاعتبار .....
ج) عندما تنتشر أعمال السرقة في وضح النهار .....

Verbs and Verb Forms أفعال وأوزان

15. Review hollow and weak verbs. Complete the table.

اسم الفاعل	المصدر	المضارع	الماضي	الوزن
			حمى	
		يخاف		
	الثورة			
متكون				
	التسمية			
		يغيب		

16. Fill in each question with a word form the table above. Answer the questions.

أ) هل ..... من فكرة انسحاب الشرطة من الشوارع؟
ب) لماذا كانت الشرطة ..... في مصر بعد الثورة؟
ت) متى يجب أن ..... المواطنون أنفسهم بأنفسهم؟
ث) كيف نـ.... الشخص الذي يشارك في الثورة؟
ج) لماذا ..... المواطنون المصريون في عام ٢٠١١؟
ح) لماذا كانت اللجان الشعبية ..... من المواطنين العاديين؟

Language Functions وظائف لغوية

Describing the State of the Doer of an Action

When telling a story of an event we often need to describe the state of the doer of some action. In the sentence "The man stood holding a gun" the word "holding" describes the state of the man who is standing. In Arabic, the word "holding" will be expressed using الحال construction. There are several ways of constructing الحال; here we are going to focus on using the active participle as الحال. The active participle needs to be indefinite and in the accusative - المنصوب case. It agrees in gender and number with the doer of the main action in the sentence.

The man stood **holding** the gun.	وقف الرجل **حاملاً** السلاح.
The woman stood **holding** the gun.	وقفت المرأة **حاملةً** السلاح.
The people stood **holding** the gun.	وقف الناس **حاملين** السلاح.
The women stood **holding** the gun.	وقفت النساء **حاملاتٍ** السلاح.

The Arabic حال construction can sometimes be rendered as an adjective in English, as in the following examples.

The man sat in his home **afraid**.	جلس الرجل في بيته **خائفًا**.
The woman sat in her home **afraid**.	جلست المرأة في بيتها **خائفةً**.
The people were sitting in their homes **afraid**.	جلس الناس في بيوتهم **خائفين**.
The women were sitting in their homes, **afraid**.	جلست النساء في بيوتهن **خائفاتٍ**.

Introducing an Unexpected Event

To introduce an unexpected event, or a surprising turn that makes a story more vivid, we can use the following construction.

إذا ← ب + the doer ← الفعل المضارع

We sat down and **lo and behold, a thief enters** the house.	جلسنا وإذا **باللص يدخل** البيت.
He arrived in Cairo and **lo and behold he finds** himself in the revolution.	وصل القاهرة وإذا به يجد نفسه في الثورة.

17. Find the examples of false idafa in the text and highlight them. Translate the sentences in which they appear into English.

18. Fill in each space with *al-haal* derived from the given verb. Discuss.

أ) خرج المواطنون إلى الشارع ..... على الحكومة.	ثار
ب) غادر بعض الناس القاهرة ..... من الثورة.	هرب
ت) اشترى جاري السلاح ..... أنه سيحميه.	اعتمد على
ث) اشترت جارتي السلاح ..... أن الوضع خطير.	أدرك
ج) خرجت أختي من البيت ......: "أنا خائفة."	قال
ح) نظم الناس لجانًا شعبية ..... الحفاظ على الأمن.	حاول
خ) حمل الرجل السلاح ..... أنه لا يريد أن يقتل أحدًا.	أكّد
د) جلست النساء في البيت ..... من المجرمين.	خاف

Role-Playing لعب الأدوار

19. Work with a partner to do the following role-play. Change roles.

دور أ	دور ب
تعتقد/تعتقدين أن الناس يحتاجون إلى السلاح لحماية أنفسهم، وعندك قصة حقيقية تثبت ذلك.	تعتقد/تعتقدين أن الناس لا يحتاجون إلى السلاح لحماية أنفسهم، وعندك قصة حقيقية تثبت ذلك.

Useful expressions

To draw a conclusion

therefore	لذلك فإنّ + جملة اسمية
so, then	إذن فإن + جملة اسمية
this means that	ومعنى ذلك أنّ + جملة اسمية
what could be inferred is	وما يمكن استنتاجه هو أنّ

Writing كتابة

20. Write about an incident involving guns that happened in your country. Use it to illustrate a point you want to make about gun control. Include the following structures and expressions in your writing:

أ) الحال
ب) إذا به + المضارع
ت) ما يُسمَّى بـ. . .
ث) أخذ في عين الاعتبار
ج) في وَضَح النهار

Up for Discussion مطروح للنقاش

21. Discuss the following questions and add some of your own.

أ) بم تتفكرون عندما تسمعون كلمة "سلاح"؟
ب) هل يمكن أن تحملوا السلاح؟ لماذا؟
ت) هل يسمح القانون في بلدكم بشراء السلاح؟ هل أنتم مع أم ضد هذا القانون؟
ث) في رأيكم، ما صفات الشخص الذي يمتلك السلاح؟
ج) ما الحدث الذي يؤكد ضرورة منع امتلاك السلاح؟

Discussion 12: Can Humor Help Us Overcome Problems?

النقاش الثاني عشر: هل تساعدنا الفكاهة في التغلب على المشاكل؟

Language in Focus

- Expressing the Circumstance under which an Action Takes Place

Structures and Connectors

- واو الحال

Verb Forms

- Verb form VIII

Introduction مقدمة

1. Work with a partner. Ask each other the questions below.

- ما النكتة المفضلة لديك؟ ولماذا؟
- هل تحب/تحبين حكي النكات أو الاستماع إليها؟

2. Match up words and meanings.

humor	نُكْتة ج نكات
mockery	فُكاهة
laughter	سُخرية
fun	ضَحِك
joke	مَرَح

3. Read the jokes below. Which one do you find funny?

نكتة #١
لص دخل بيتًا بالليل وأصحاب البيت نائمون. فسرق أشياء كثيرة ولما كان يستعد للخروج، ظهر أمامه ولد صغير يقول له: هل ستسرق كتبي وشنطتي المدرسية أم أبدأ أصرخ وأصحي ماما وبابا؟

نكتة #٢
حاكم عربي وجد مصباح علاء الدين ولما خرج له العفريت قال له الحاكم: رجع لي والدي الذي مات وأنا في العاشرة من عمري. فقال له العفريت: هذا صعب جدًا، فقال له الحاكم: طيب، أريد أن أصبح حاكمًا عادلًا، يحبني الشعب. فرد عليه العفريت قائلًا: لا، سأحاول أن أرجع والدك فهذا أسهل.

نكتة #٣
صعيدي في القاهرة دخل محل بيتزا وهو جائع، فطلب بيتزا حجم كبير. فسألته البائعة: هل أقطع لك البيتزا ثماني قطع؟ فقال لها لا، قطعيها إلى ست قطع، فثماني قطع كثيرة علي!

Reading قراءة

4. Read the text.

الضحك يتغلب على الأزمات

يقول المثل: اضحك للدنيا تضحك لك. ولذلك تتجه شعوبنا العربية من المحيط إلى الخليج إلى إطلاق النكات في وقت الأزمات، ولا تأخذ كل شيء على محمل الجد حتى وهي تواجه مأساة حقيقية.

فبعد هزيمة ١٩٦٧ المنكرة، انتشرت النكات عن الجيش المصري المهزوم، ووجد الزعيم عبد الناصر أن الفكاهة زادت عن حدها فطلب من الشعب أن يتوقف عن التنكيت. كما انتشرت في عهده النكات حول حرية التعبير ومن بينها نكتة تقول: التقى صديقان، سأل أحدهما الآخر: هل ذهبت إلى طبيب الأسنان لخلع الضرس الذي يؤلمك؟ فرد عليه قائلًا: ومن يستطيع أن يفتح فمه هذه الأيام؟

أما في أيامنا هذه، فقد استقبل العرب جائحة الكوفيد ١٩ بتداول النكات ومقاطع الفيديو المضحكة التي يسخرون فيها من حكوماتهم في هذه الأزمة الجديدة، منها على سبيل المثال: في الصين، ظهر فيروس "كورونا" ونحن عندنا فيروسات: "قهرونا" و"سرقونا" و"باعونا" و"هجّرونا" و"في حياتنا كرّهونا."

ويؤكد العلم أن الناس الذي يطلقون النكات، والعالم ليس فيه ما يدعو للفرح والمرح، ليسوا بالضرورة مجانين. فالضحك يساعد في التخفيف من التوتر والضغط النفسي ويعزز التفاعل والتعاون وروح الفريق بين الناس. ويُعتبر الضحك ونحن بمفردنا مفيدًا، لكنه من اللافت أن الدراسات أثبتت أننا نضحك أكثر بمقدار ثلاثين مرة ونحن برفقة آخرين.

5. Are these statements true or false?

أ) يحب الناس إطلاق النكت حتى في الأزمات.
ب) هزيمة ١٩٦٧ لم تكن مأساة بسبب النكت.
ت) انتشرت حرية التعبير في عهد عبد الناصر.
ث) في وقت الجائحة، أطلق الناس نكاتًا سياسية.
ج) ليست هناك فوائد حقيقية من الضحك.
ح) يجب أن لا يضحك الناس وهم بمفردهم.

6. Answer the questions.

أ) كيف يتعامل العرب مع الأزمات؟ لماذا؟
ب) ما كان موضوع النكت في عهد عبد الناصر؟
ت) ماذا نفهم من النكتة التي أطلقها الناس خلال فترة الكوفيد ١٩؟
ث) ماذا يقول العلم عن تأثير الضحك؟
ج) ما الفرق بين الضحك ونحن بمفردنا والضحك ونحن برفقة آخرين؟

7. Act out a dialogue between a person who didn't understand the jokes mentioned in the text and a person who understood them.

8. Follow-up. Find out about the following and present in class.

أ) هزيمة ١٩٦٧
ب) تعامل بعض الدول العربية مع جائحة كورونا

Vocabulary and Expressions مفردات وعبارات

9. Study the following words. In what context was each one used in the text?

to overcome	تغلب على
crisis	أزمة ج ات
to go for	اتّجه
to launch	أطلق
to face	واجه
tragedy	مأساة ج مآس
defeat	هزيمة ج هزائم
pandemic	جائحة ج جوائح
to mock	سخر، يسخر، السخرية
to consider	اعتبر

10. Fill in each space with a word from the table above. Answer each question.

أ) ما بعض الاستراتيجيات لل ..... على الأزمات؟
ب) ما الحدث المحزن الذي يعتبر ..... في تاريخ بلدك؟
ت) ماذا تعرفون عن ...... ١٩٦٧؟

ث) كيف أثرت ..... كوفيد ١٩ في حياتكم؟
ج) لماذا ...... البعض الناس الذين يضحكون في وقت الأزمات مجانين؟
ح) لماذا ..... بعض الناس من الآخرين؟
خ) هل تعرفون شخصًا يحب ...... النكات؟
د) ماذا تفعلون وأنتم ..... أزمة في حياتكم؟

11. What springs to mind when you read these phrases?

أ) مأساة حقيقية
ب) جائحة كوفيد ١٩
ت) هزيمة منكرة
ث) الضغط النفسي
ج) روح الفريق

12. Complete each sentence below with your ideas.

أ) في عهد عبد الناصر لم يستطع الناس أن يعبروا ....
ب) بعض الناس الذي يواجهون المشاكل يتجهون ......
ت) لا يستطيع الناس أن يتوقفوا .....
ث) أريد أن أتغلب ......
ج) أحيانًا أحب أن أسخر ......

13. Study the following expressions. In what context is each one used in the text?

across the Arab world	من المحيط إلى الخليج
to take (it) seriously	أخذ(ـه) على محمل الجدّ
to go too far	زاد عن حده
it is striking	من اللافت
by	بمقدار + اسم

14. Complete each statement with your ideas. Share with a partner.

أ) العرب من المحيط إلى الخليج .....
ب) من الأشياء التي يجب أن لا نأخذها على محمل الجد .....
ت) في بعض الأحيان السخرية تزيد عن حدها، فمثلًا .....

ث) من اللافت أن .....
ج) قدرتي على التعامل مع المشاكل تزيد بمقدار خمسين مرة عندما .....

Verbs and Verb Forms أفعال وأوزان

15. Review verb form VIII. Complete the table.

اسم المفعول	اسم الفاعل	المصدر	المضارع	الماضي
				اعتبر
			يعتمد	
			يتّجه	
				اهتمّ

16. Complete the questions with the words from the table above. Answer each question.

أ) ما بعض الأشياء التي ..... إليها للتخفيف من الضغط النفسي؟
ب) ما بعض الأمور التي ..... ـــها أشياء يجب أخذها على محمل الجد؟
ت) هل ..... بالنكات السياسية أم لا ولماذا؟
ث) من هم الأشخاص الذين ...... عليهم في وقت الأزمات؟

Language Functions وظائف لغوية

Expressing the Circumstance under Which an Action Takes Place

To express the circumstance under which an action takes place we can use *al-haal* clause with *waw*, واو الحال. The clause is introduced by the connector *waw*, which is followed by a nominal sentence. If the doer in the clause is the same as in the main sentence, the *haal* clause starts with the pronoun which refers to the doer. The *waw al-haal* translates as "while."

sentence starting with a pronoun ← و

Nasser listened to jokes **while he was president.**	استمع عبد الناصر إلى نكات **وهو رئيس.**
My sister wrote about political jokes **while she was working as a journalist.**	كتبت أختي عن النكات السياسية **وهي تعمل صحافية.**
Egyptians told jokes **while they were facing defeat.**	أطلق المصريون النكات **وهم يواجهون الهزيمة.**

If the subject of the *haal* clause is not the same as in the main sentence, the clause starts with the subject.

Nasser listened to the jokes **while the country was facing the crisis.**	استمع عبد الناصر إلى النكات **والبلد يواجه الأزمة.**
My sister wrote about political jokes **while I was in the army.**	كتبت أختي عن النكات السياسية **وأنا في الجيش.**
Egyptians told jokes **while the army was facing defeat.**	أطلق المصريون النكات **والجيش يواجه الهزيمة.**

17. Find *waw al-haal* clauses in the text and highlight them. Translate the sentences in which they appear into English.

18. Complete each sentence describing the circumstances in which the main action happened.

أ) قرأتُ المقالة عن الفكاهة في وقت الأزمات .....
ب) ناقش الطلاب موضوع النكات السياسية .....
ت) انتشرت جائحة كورونا ......
ث) يتبادل الناس النكات على مواقع التواصل .....
ج) أشعر بالتوتر والضغط النفسي .....
ح) يضحك الناس .....
خ) يتعاون الناس بشكل أفضل ......
د) تتحسن روح الفريق ......

Role-Playing لعب الأدوار

19. Work with a partner to do the following role-play. Change roles.

دور ب	دور أ
زميل/ة لك سيتحدث/تتحدث حول النكات التي انتشرت في أزمة من الأزمات في بلده/ها. عبر/عبري عن رد فعلك على النكات والموضوع بشكل عام.	ستتحدث/تتحدثين مع زميل/ة حول النكات التي انتشرت في أزمة من الأزمات في بلدك. حضر/حضري نكتتين من تلك الفترة.

Useful expressions

To introduce a joke

Did you hear the latest joke? — سمعت آخر نكتة؟

To react to a good joke

That was a good one! — نكتة جيدة!

This joke is really funny. — هذه النكتة مضحكة جدًا!

To react to a bad joke

This is such a bad joke. — نكتة بائخة جدًا.

I don't think this is a funny joke. — لا أظن أن هذه النكتة مضحكة.

Writing كتابة

20. Write about your favorite joke that illustrates the role of humor in hard times. In what circumstances did the joke appear? In what circumstances did you hear the joke for the first time? Use the following constructions and expressions in your writing:

أ) واو الحال

ب) أخذ (شيئًا) على محمل الجد

ت) زاد عن حده
ث) من اللافت أنّ
ج) بمقدار . . .

Up for Discussion مطروح للنقاش

21. Discuss the following questions and add some of your own.

أ) هل يمكنك أن تحكي النكات وأنت حزين/ة؟ لماذا؟
ب) ما بعض الأمثلة على أن الناس يضحكون وهم يواجهون أزمات؟
ت) هل تغير اهتمامك بالنكات؟ ما النكات التي كنت تحب/تحبينها وأنت في المدرسة الثانوية؟
ث) كلنا نضحك أكثر ونحن برفقة آخرين، فما آخر موقف ضحكت فيه مع أصدقائك؟
ج) ما أنواع النكات المختلفة وما رأيك في بعضها؟

Discussion 13: Do You Prefer Traditional or Alternative Tourism?

النقاش الثالث عشر: هل تفضلون السياحة التقليدية أم البديلة؟

Language in Focus

- Talking about similarities
- Talking about differences

Structures and Connectors

- مثلما، كما هو الحال
- اسم التفضيل، في حين، بينما

Verb Forms

- Hollow Verbs

Introduction مقدمة

1. Work with a partner. Ask each other the questions below.

- ما الوجهات السياحية المفضلة بالنسبة إليكم؟ لماذا؟
- هل هناك رحلات سياحية لا تحبونها؟ لماذا؟

2. Match up words and meanings.

tourist
alternative
relaxation
tourism
destination

سياحة
سائح
وُجْهة
استجمام
بديل

3. Rank the options below for a holiday destination from best to worst (1–5). Compare with a partner and discuss.

أ) مدينة باريس
ب) صحراء الأردن
ت) شواطئ جزيرة بالي
ث) جبال الهمالايا
ج) عالم ديزني

Reading قراءة

4. Read the text.

السياحة التقليدية أم البديلة؟

هناك نوعان رئيسيان من السياحة، أولهما السياحة الجماعية التقليدية والآخر هو السياحة البديلة. تقدم السياحة الجماعية خدمات للمسافرين كما هو الحال مع السياحة البديلة، لكن في حين تهدف السياحة الجماعية إلى نقل أكبر عدد ممكن من الناس إلى وجهات سياحية شهيرة، تأخذ السياحة البديلة مجموعات صغيرة أو حتى الأفراد إلى مناطق بعيدة عن أشهر المناطق السياحية. غالبًا ما يريد محبو السياحة البديلة أن يتفاعلوا مع السكان المحليين من أجل التعرف إلى حياتهم اليومية وتعلم شيء جديد، بدلًا من مجرد المشاهدة أو الاستجمام. قد يختار السياح مثلًا الإقامة عند عائلة ريفية، أو مع البدو في الصحراء أو يتوجهون إلى المدن العربية القديمة لتعلم صناعة الفخار أو بعض الرقصات الشعبية أو طبخ مأكولات عربية.

وبينما تنظَّم الرحلات الجماعية في موسم الإجازات والعطلات، تنظَّم نشاطات السياحة البديلة في أي وقت ولمدة أطول، وفقًا للتفضيلات الخاصة. ونظرًا إلى أن السياحة البديلة غالبًا ما تقوم على نشاطات فردية فإنها لا تؤثر كثيرًا في البيئة، بينما تنتج السياحة الجماعية كمية أكبر من القمامة. إن السائح التقليدي يهتم بالأسعار مثلما يهتم بها السائح البديل. لا شك أن السياحة الجماعية أسعارها أرخص ودخلها أكبر من السياحة البديلة فيستفيد منها عدد أكبر من الناس.

5. Are the statements below true or false?

أ) السياحة التقليدية لا تختلف كثيرًا عن السياحة البديلة.
ب) عدد أكبر من الناس يهتم بالسياحة التقليدية.
ت) السياحة البديلة تتجنب أشهر الوجهات السياحية.
ث) السائح البديل عنده أهداف مختلفة من السياحة.
ج) السياحة البديلة غير موجودة في الدول العربية.
ح) السياحة البديلة تنتج قمامة أقل من السياحة التقليدية.
خ) السياحة التقليدية مفيدة لعدد أكبر من الناس.

6. Answer the questions.

أ) ما الفارق الأول بين السياحة التقليدية والسياحة البديلة؟
ب) إلى أين يتجه السياح التقليديون؟
ت) ما بعض النشاطات التي تقدمها السياحة البديلة؟
ث) ما بعض الاختلافات الأخرى بين النوعين من السياحة؟
ج) كيف يختلف الوضع بالنسبة إلى التكلفة؟

7. In small groups, act out a conversation about alternative tourism and traditional tourism.

8. Follow-up. Find out more about the following topics and present in class.

أ) أنواع السياحة البديلة
ب) السياحة البديلة في العالم العربي

Vocabulary and Expressions مفردات وعبارات

9. Study the following words. In what context was each one used in the text?

traditional	تقليدي
service	خِدمة ج ات
to choose	اختار
to reside, stay	أقام
season	موسم ج مواسم
to be based upon	قام، يقوم، القيام على
environment	بيئة ج ات
trash	قمامة
income	دخل ج دخول
to benefit from	استفاد من

10. Fill in each question with a word from the table above. Answer the questions.

أ) كيف ..... الوجهة عندما تريدون أن تسافروا للسياحة؟
ب) ما بعض ..... التي تقدمها شركات السياحة؟

ت) هل تحبون فكرة ..... مع البدو في الصحراء؟
ث) لماذا تحقق السياحة التقليدية ..... أكبر من السياحة البديلة؟
ج) متى يأتي ..... الإجازات والعطلات في بلدك؟
ح) ما بعض الأفكار التي ..... عليها السياحة البديلة؟
خ) هل تهتمون بـ ..... وأنتم تسافرون للسياحة؟
د) كيف يمكن للسياح أن ..... من السياحة البديلة؟
ذ) ما تأثير السياحة الجماعية في ..... ؟

11. What springs to mind when you read these phrases?

أ) السياحة الجماعية
ب) أشهر الوجهات السياحية
ت) موسم الإجازات والعطلات
ث) نشاطات فردية
ج) استفادة كبيرة

12. Complete each sentence with your ideas.

أ) تعتمد السياحة التقليدية ......
ب) تركز السياحة البديلة ......
ت) يهتم السياح .....
ث) تقوم السياحة البديلة .....
ج) يستفيد السياح .....

13. Study the following expressions. In what context was each one used in the text?

mostly, usually	غالبًا ما
instead of	بدلًا من
merely	مجرد + اسم
according to	وفقًا لـ
given that	نظرًا إلى أنّ

14. Complete each statement with your ideas. Compare with a partner.

أ) في موسم الإجازات غالبًا ما .....
ب) بدلًا من زيارة الأماكن التاريخية، أفضل .....
ت) عندما أريد السفر لمجرد استجمام .....
ث) الوجهات السياحية تتغير وفقًا لـ .....
ج) نظرًا إلى أن بعض الناس لا يستطيعون السفر خارج موسم الإجازات .....

Verbs and Verb Forms أفعال وأوزان

15. Review the hollow verbs. Complete the table below.

الوزن	الماضي	المضارع	المصدر	اسم الفاعل	اسم المفعول
	أقام				
		يزور			
			الاختيار		
		يريد			
	استفاد				

16. Fill in each space with a verb from the table above. Answer the questions.

أ) ما أشهر الأماكن التاريخية التي .....ها حتى الآن؟
ب) كيف ..... الأصدقاء الذين تسافرون معهم؟
ت) ما الدول العربية التي ..... أن تزوروها في الفترة القادمة ولماذا؟
ث) ما أجمل فندق ..... فيه؟
ج) كيف يمكننا أن ..... من الأنشطة السياحية في منطقتنا؟

Language Functions وظائف لغوية

Talking about similarities

Below are the constructions commonly used when talking about similarities between items and ideas.

a) The connector مِثْلَما means "like," and it is followed by a verb.

followed by a verb ← مثلما

Tourists love visiting historic places **like** they love visiting places of entertainment.	يحب السياح زيارة الأماكن التاريخية **مثلما** يحبون زيارة الأماكن الترفيهية.
We must care about the environment **like** we care about the income.	يجب أن نهتم بالبيئة **مثلما** نهتم بالدخل.

b) The expression كما هو الحال مع, which means "as is the case with," is followed by a noun.

followed by a noun ← كما هو الحال مع

Mass tourism is beneficial **as is the case with** alternative tourism.	السياحة الجماعية مفيدة **كما هو الحال مع** السياحة البديلة.
Egyptian economy depends on tourism, **as is the case with** Tunisian economy.	اقتصاد مصر يعتمد على السياحة، **كما هو الحال مع** اقتصاد تونس.

Talking about differences

Below are the connectors commonly used when talking about differences between items and ideas.

a) The connector بينما, which means "while" or "whereas," is usually followed by a verb.

followed by a verb ← بينما

I like mass tourism **while** my brother likes alternative tourism.	أنا أحب السياحة التقليدية **بينما** يحب أخي السياحة البديلة.
Mass tourism focuses on money **while** alternative tourism focuses on the experience.	السياحة الجماعية تركز على المال **بينما** تركز السياحة البديلة على التجربة.

b) The connector فـي حين, which also means "while" or "whereas," is usually followed by a verb.

followed by a noun ← فـي حين

I like mass tourism **while** my brother likes alternative tourism.	أنا أحب السياحة التقليدية **في حين** يحب أخي السياحة البديلة.
Mass tourism focuses on money **while** alternative tourism focuses on the experience.	السياحة الجماعية تركز على المال **في حين** تركز السياحة البديلة على التجربة.

Comparative اسم التفضيل

The form أفعـل of a simple two-syllable adjective (e.g., كبيـر، جميـل) can be used to express both a comparative and superlative. When it is used after the noun which it qualifies, it expresses a comparative. When it is used as the first member in an indefinite *idafa* construct with the noun it qualifies, it expresses a superlative. .

Cairo is a bigger city than Tunis.	القاهرة مدينة **أكبر** من تونس.
Cairo is the biggest city in the Middle East.	القاهرة **أكبر مدينة** فـي الشرق الأوسط.

17. Find the above structures in the text and highlight them. Translate the sentences in which they appear into English.

18. Complete the sentences below with your ideas.

أ) أجمل مدينة .....
ب) أهم وجهة سياحية .....
ت) أسرع طائرة .....
ث) السفر بالقطار أرخص .....
ج) الإجازة في الجبال ممتعة كما هو الحال مع .....
ح) أحب قضاء إجازتي على شاطئ البحر مثلما أحب .....
خ) أنا أهتم بالبيئة في حين .....
د) عندما أسافر أريد أن أتعلم شيئًا جديدًا بينما .....

Role-Playing لعب الأدوار

19. Work with a partner to do the following role-play. Change roles.

دور أ	دور ب
أنت تعتقد/تعتقدين أن زيارة الوجهات السياحية الشهيرة أفضل من زيارة أماكن غير معروفة.	أنت تعتقد/تعتقدين أن زيارة الأماكن غير المعروفة أفضل من زيارة الوجهات السياحية الشهيرة.

Useful expressions

Expressing preferences	
I much prefer A over B.	أفضّل أ على ب كثيرًا.
I am inclined to choose . . .	أَميل إلى اختيار . . .
I swear to God, this is much better!	والله هذا أفضل بكثير!
Truly, there is no comparison.	في الحقيقة، لا مجال للمقارنة.

Writing كتابة

20. Your class is planning a trip, and everyone is asked to suggest two destinations: one traditional and the other alternative. Write about the similarities and differences between the two places of your choice. Use the following structures and expressions in your writing:

أ) فـي حين/بينما
ب) كما هو الحال
ت) غالبًا ما
ث) نظرًا إلى
ج) بدلًا من

Up for Discussion مطروح للنقاش

21. Discuss the following questions and add some of your own.

أ) ما الأفضل، الإجازة في الريف أم الإجازة في المدينة؟ لماذا؟
ب) ماذا تفضل/تفضلين، السفر لوحدك أم السفر مع الأصدقاء؟
ت) هل تفضل/تفضلين العمل في السياحة أم في العمل في البنك؟
ث) كيف تختلف إجازاتك الآن بالمقارنة مع إجازاتك وأنت طفل/ة؟
ج) ما الوجهة السياحية المفضلة بالنسبة إليك ولماذا؟

Discussion 14: What Are the Pros and Cons of Living in a Tall Building?

النقاش الرابع عشر: ما المزايا والعيوب للسكن في أبراج عالية؟

Language in Focus

- Comparing and contrasting
- Discussing pros and cons

Structures and Connectors

- التمييز

Verb Forms

- *Masdar*

Introduction مقدمة

1. Work with a partner. Ask each other the questions below.

- لماذا نبني الأبراج العالية في رأيك؟
- هل تحب/تحبين العمل أو السكن في أحد الأبراج؟ ولماذا؟

2. Match up words and meanings.

lower
tower
disadvantages
upper
advantages

بُرج ج أبراج
أعلى
أسفل
مميزات
عيوب

3. Read the statements below about living on a high floor. Categorize each statement as either a "pro" or "con."

أ) المنظر من الطوابق العليا جميل جدًا. ......
ب) يجب الاعتماد على المصعد. ......
ت) الابتعاد عن الشارع. ......
ث) اللصوص يتجنبون الأبراج العالية. ......
ج) الزلازل تؤثر أكثر في الطوابق العليا. ......

Reading قراءة

4. Read the text.

هل تحبون السكن فوق السحاب؟

انتشرت الأبراج العالية في دول الخليج بشكل غير مسبوق. وخير دليل على ذلك أن اثنين من أطول ثلاثة أبراج في العالم موجودان في المنطقة، وهما برج خليفة في دبي وبرج الساعة في مكة المكرمة. تعتبر الأبراج الحل الأمثل للمدن التي تعاني من الكثافة السكانية، لأنها تستغل مساحة الأرض المحدودة لأغراض متعددة. فالأبراج تضمّ مكاتب وفنادق وشققًا ومراكز تجارية ومطاعم وغير ذلك. كما جعلت الأبراج المدن الخليجية أكثر جمالاً وأكثر جذبًا للسياح، وبالتالي أصبح اقتصادها أكثر نشاطًا وأكثر تنوعًا بعد أن كان يعتمد كليًا على النفط.

السكن في الأبراج له مزايا وعيوب، وأول سؤال يواجه الراغبين فيه هو: أيهما أفضل، الطوابق العليا أم السفلى؟ لا شك أن الطوابق العليا أجمل إطلالة وأكثر هدوءًا. فمن مزاياها الرئيسية الابتعاد عن الشارع، الأمر الذى يجعلها أقل ضجة وأكثر أمانًا من السرقة. لكن من ناحية أخرى، هي أكثر تكلفة وأقل أمانًا في حالة وقوع حريق أو زلزال. أما الشقق في الطوابق السفلى فمن مزاياها سهولة الانتقال، لأن سكانها لا يحتاجون إلى استخدام المصعد. هي أيضًا أكثر أمانًا في حالة وقوع حريق أو زلزال. لكن من ضمن عيوبها الأساسية أنها أكثر ضجة وأكثر تعرضًا للسرقة.

5. Are the following statements true or false?

أ) الأبراج العالية أصبحت أكثر انتشارًا في العالم.
ب) أطول برج في العالم موجود في دولة عربية.
ت) الأبراج العالية لها مشاكل تحتاج إلى التعامل معها.
ث) السياح لا يحبون الأبراج العالية كثيرًا.
ج) سكان الأدوار العالية لا يسمعون الضجة.
ح) اللصوص يتجنبون عادة الطوابق العليا.

6. Answer the questions.

أ) ما السبب الرئيسي لبناء أبراج عالية؟
ب) كيف أثرت الأبراج في مدن الخليج؟

ت) ما مميزات السكن في الطوابق العليا؟
ث) ما عيوب السكن في الطوابق السفلى؟

7. In pairs, act out a conversation between a person who lives on the ground floor and a person who lives on the 50th floor of a skyscraper.

8. Follow-up. Find out more about the following and present in class.

أ) برج خليفة
ب) برج الساعة في مكة
ت) أكثر المدن العربية كثافةً

Vocabulary and Expressions مفردات وعبارات

9. Study the following words. In what context was each one used in the text?

to suffer	عانى من
to utilize	استغلّ
purpose	غَرَض ج أغراض
to include	ضَمّ ج يضُمّ
to attract	جذَب، يجذِب، الجذْب
noise	ضَجّة
cost	تَكْلِفة ج تَكاليف
safety	أمان
earthquake	زِلْزال
to be exposed to	تعرض لـ

10. Fill in each space with a word from the table above.

أ) ..... الأبراج مساحة الأرض المحدودة لأغراض مختلفة
ب) ..... الأبراج العالية شققًا ومكاتب ومراكز تجارية وغير ذلك.
ت) من مميزات الأبراج أنها تُبنى لـ..... مختلفة.
ث) ..... الأبراج العالية السياح ورجال الأعمال.
ج) ..... سكان الطوابق السفلى من ضجة الشارع.
ح) ..... سكان الطوابق السفلى للسرقة أكثر من غيرهم.
خ) من ضمن عيوب الطوابق العليا أنها أكثر .....

د) يعاني سكان الطوابق السفلى من ..... الشارع أكثر من غيرهم.
ذ) يحس سكان الطوابق العليا بـ..... أكثر من غيرهم.
ر) يخاف سكان الطوابق السفلى من ..... أقل من غيرهم.

11. What springs to mind when you read these phrases?

أ) إطلالة جميلة
ب) أغراض متعددة
ت) كثافة سكانية
ث) تكلفة عالية
ج) ضجة كبيرة

12. Complete each sentence with your ideas.

أ) يعاني سكان الطوابق العليا .....
ب) يتعرض سكان الأبراج .....
ت) يعتمد سكان الأبراج .....
ث) وأنا في الطابق المائة أحس .....
ج) عندما أكون في برج عالٍ أخاف .....

13. Study the following expressions. In what context is each one used in the text?

pros and cons	مزايا وعيوب
unprecedented	بشكل غير مسبوق
the best proof of that	خير دليل على ذلك
the ideal solution	الحل الأمثل
on the other hand	من ناحية أخرى

14. Complete each statement with your ideas. Compare with a partner.

أ) عندما أفكر في المزايا والعيوب للأبراج العالية، أفكر أولًا في .....
ب) من الأشياء التي انتشرت بشكل غير مسبوق في السنوات الأخيرة .....
ت) السكن في الأبراج قد يكون خطيرًا وخير دليل على ذلك ......
ث) أعتقد أن الحل الأمثل لمشكلة الازدحام في المدن هو .....
ج) من مميزات المدن أن فيها فرص عمل كثيرة، لكن من ناحية أخرى .....

Verbs and Verb Forms أفعال وأوزان

15. Review the *masdar* in verb forms. Complete the table below.

المصدر	المضارع	الماضي	الوزن
		حافظ	
	يقدّم		
		تعامل	
	ينتشر		
		استغل	
	يتقدم		
		انقطع	

16. Use the appropriate masdar from the table to complete each sentence.

أ) ..... الكهرباء مشكلة كبيرة بالنسبة إلى سكان الطوابق العليا.
ب) بعض الناس لا يستطيعون ..... مع الارتفاعات العالية.
ت) بعض المدن يمنع بناء الأبراج للـ..... على الشكل الجمالي للمدينة.
ث) يرى البعض أن بناء الأبراج دليل على ..... الدولة.
ج) ..... الأبراج للمساحة المحدودة لأغراض مختلفة شيء إيجابي.
ح) ..... الأبراج العالية يجذب السياح إلى مدن الخليج.

Language Functions وظائف لغوية

Comparing and Contrasting

Among the structures that we use when comparing and contrasting is *al-tamyiz*, التمييز. It is an indefinite noun, usually a *masdar* in the accusative case (المنصوب), and its role is to clarify what quality is being compared. When used with the word أكثر, it can be used to express either a comparative or a superlative. To express a comparative (e.g., more beautiful), the word أكثر has to remain indefinite. When used with the definite الأكثر, it expresses a superlative (for instance, "the most successful").

ناجح ← أكثر نجاحًا/الأكثر نجاحًا

Khalifa Tower is **more beautiful** than Shanghai Tower.	برج خليفة **أكثر جمالًا** من برج شانغهاي.
Khalifa Tower is **the most beautiful** tower in the world.	برج خليفة هو البرج **الأكثر جمالًا** في العالم.

Simple two-syllable adjectives like جميل (e.g., كبير، صغير، ناجح) can be compared using either اسم التفضيل or التمييز, whereas the multi-syllabic adjectives (e.g., متنوع، مستخدم، مهتمّ) are compared mainly using *al-tamyiz*, especially in the superlative. For, example consider the three-syllable adjective مُكلّف which means "expensive, costly."

Apartments in high-rises are **expensive**.	الشقق في الأبراج **مُكَلِّفة**.
Apartments on top floors are **more expensive** than apartments on lower floors.	الشقق في الطوابق العليا **أكثر تَكْلِفةً** من الشقق في الطوابق السفلى.
Apartments on top floors are the **most expensive**.	الشقق في الطوابق العليا هي **الأكثر تَكْلِفة**.

When the speaker or writer has the ability to compare using either اسم التفضيل or التمييز, as is the case with simple adjectives (e.g., ناجح، جميل، بسيط), the choice of التمييز indicates a more elevated style. This stylistic difference is not reflected in the translation.

Modern Gulf cities are **more beautiful** than the old cities.	مدن الخليج الحديثة **أجمل** من المدن القديمة.

Modern Gulf cities are **more beautiful** than the old cities.	مدن الخليج الحديثة **أجمل** من المدن القديمة.

17. Find the above structures in the text and highlight them. Translate the sentences in which they appear into English.

18. Form *al-tamyiz* of each of the adjectives below and use each one in a sentence.

رخيص – قبيح – ناجح – منظَّم – مناسِب – مُفيد – متنوع – متعاطف – منفتح – منتشر – مستخدَم

Role-Playing لعب الأدوار

19. Work with a partner to do the following role-play. Change roles.

دور أ	دور ب
أنت تؤيد/تؤيدين مشروع بناء برج عالٍ في المدينة التي تعيش/تعيشين فيها.	أنت تعارض/تعارضين مشروع بناء برج عالٍ في المدينة التي تعيش/تعيشين فيهاً.

Useful expressions

When talking about pros and cons

Everything has a positive and a negative side to it.	كل شيء له إيجابيات وسلبيات.
Among the advantages/disadvantages . . .	من ضمن المميزات/السلبيات . . .
The most important advantage/disadvantage is . . .	أهم ميزة/عيب . . .
The upside is . . .	الجانب الإيجابي هو . . .
The downside is . . .	الجانب السلبي هو . . .
On the one hand . . . on the other hand . . .	من ناحية . . . من ناحية أخرى . . .
From another point of view . . .	من وجهة نظر أخرى . . .

Writing كتابة

20. You are moving to Dubai, and you are looking for an apartment. You are considering an apartment on the 50th floor in the Dubai Marina and you are going to write pros and cons, to help you make a decision. Include the following structures and expressions in your writing:

أ) اسم التفضيل
ب) التمييز
ت) ومن ناحية أخرى

Up for Discussion مطروح للنقاش

21. Discuss the following questions and add some of your own.

أ) هل تحب/تحبين فكرة السكن في أحد الأبراج العالية أم لا؟ ولماذا؟
ب) ما الأبراج الأكثر أهمية في العالم؟ ولماذا؟
ت) ما أكثر فائدة في البرج: مركز تجاري أم مستشفى، ولماذا؟
ث) ما المكان الأكثر تكلفة الذي أقمت فيه، والأخر الأقل تكلفة؟ قارن/قارني بين التجربتين.
ج) ما أفضل نوع من السكن بالنسبة إليك؟ ولماذا؟

Discussion 15: What Was the Turning Point of Your Life?

النقاش الخامس عشر: ما نقطة التحول في حياتك؟

Language in Focus

- Talking about habitual actions in the past.
- Talking about continuing habitual past actions.
- Talking about discontinued habitual past actions.

Structures and Connectors

- كان + الفعل المضارع
- ما زال + الفعل المضارع
- لم يعد + الفعل المضارع

Verb Forms

- Hollow verbs, past tense negation

Introduction مقدمة

1. Work with a partner. Ask each other the questions below.

- كيف تغيرت حياتك منذ أن كنت في المدرسة الثانوية؟
- كيف تغيرت الحياة في بلدك منذ خمسين سنة؟

2. Match up words and meanings.

camel	نفط
palm trees	طين
oil	تراب
dirt	نخيل
mud	جمَل

3. Do you think the following statements about the Gulf countries are true or false?

أ) اكتشاف النفط كان نقطة تحول في منطقة الخليج.
ب) كان معظم الخليجيين في الماضي من الفقراء.
ت) لم تكن هناك مدن كبيرة في فترة ما قبل النفط.
ث) كان الناس يتنقلون داخل المدن بسيارات قديمة.
ج) لم تكن هناك صناعة ولا زراعة ولا شركات عالمية.
ح) المدارس كانت منتشرة في كل دول الخليج.

Reading قراءة

4. Read the text.

النفط اكتشاف عجيب غير حياة الخليجيين

كان اكتشاف النفط نقطة التحول التي غيرت حياة الخليجيين بين ليلة وضحاها. ففي فترة ما قبل النفط كانوا يعيشون في مدن صغيرة، وكانت بيوتهم مبنية من الطين وسعف النخيل. وكانت الشوارع كلها ترابية ولم تكن تحمل أسماء، ولم تكن البيوت تحمل أرقامًا. وكان الناس يتنقلون سيرًا على الأقدام أو على الجمال التي لم تكن وسيلة تنقل فحسب، بل كانت مصدرًا للغذاء كذلك. وما زالت للجمل مكانة خاصة عند الخليجيين، لكنهم لم يعودوا يعتمدون عليه للبقاء على قيد الحياة. وتغيرت العادات الغذائية كثيرًا في العقود الأخيرة. فما زال الناس يأكلون بعض الأطعمة التقليدية، لكن الوجبات السريعة انتشرت في المنطقة بشكل غير مسبوق.

وفي المناطق الساحلية كان الغوص من أجل البحث عن اللؤلؤ حرفة أساسية للشباب، وكان هناك عدد من أهم مراكز تجارة اللؤلؤ في العالم. أما اليوم فلم يعد الشباب يبحثون عن اللؤلؤ، بل يعمل الكثير منهم في شركات متعددة الجنسيات في حين أصبح الغوص مجرد هواية. ولم تكن هناك مدارس حديثة وإنما كتاتيب لتحفيظ الأطفال القرآن. ما زال الأطفال اليوم يحفظون القرآن لكنهم يذهبون إلى مدارس تتوافر فيها أحدث التقنيات التعليمية. ولا يستطيع الأطفال اليوم أن يتخيلوا كيف عاش أجدادهم في الماضي وكيف تحولت حياتهم من النقيض إلى النقيض في فترة ما بعد النفط.

5. Are the following statements true or false?

أ) حياة الخليجيين تغيرت في يوم واحد.
ب) بيوت الناس كانت مبنية من المواد الطبيعية.
ت) كانت هناك ثلاث وسائل للانتقال من مكان إلى مكان.
ث) المأكولات الحديثة أفضل من المأكولات التقليدية.
ج) لم تكن هناك فرص كثيرة للعمل في المنطقة في فترة ما قبل النفط.

6. Answer the questions.

أ) كيف كان شكل المدن في الخليج في الماضي؟
ب) كيف كان الناس يتنقلون؟

ت) ما كان دور الجمال في حياة الناس؟
ث) كيف تغير الوضع بعد اكتشاف النفط؟
ج) ما كانت الحرفة الأساسية لشباب المنطقة ؟
ح) كيف يختلف التعليم في الماضي عن التعليم اليوم؟

7. In small groups, act out a conversation between grandparents and their grandchildren in the Gulf about life before the discovery of oil.

8. Follow-up. Find out more about the following. Present in class.

أ) الكتاتيب
ب) تجارة اللؤلؤ
ت) اكتشاف النفط في الخليج

Vocabulary and Expressions مفردات وعبارات

9. Study the following words. In what context was each one used in the text?

to turn into	تحول إلى
discover	اكتشف
to move around	تنقل
source	مَصْدَر ج مَصادِر
custom	عادة ج ات
food	غِذاء ج أغْذِية
status	مَكانة
to dive	غاص، يَغوص، الغوص
occupation	حِرْفة ج حِرَف
modern	حَديث
to be available	توافر

10. Fill in each question with a word from the table above. Answer the questions.

أ) هل تحبون ممارسة ..... في البحر؟
ب) ما وسيلة ال..... المفضلة بالنسبة لكم؟
ت) ما أعظم ...... علمي تسبب في تغيير العالم؟
ث) ما الحيوان الذي له ..... خاصة في ثقافتكم؟

ج) ما كان مصدرًا رئيسيًا للـ..... في بلدكم في الماضي؟
ح) لماذا ..... النفط إلى سبب لصراعات في العالم؟
خ) ما الـ..... الرئيسي للغذاء في المناطق الساحلية عادة؟
د) ماذا كانت ..... الأساسية لسكان بلدك قبل مائة عام؟
ذ) ما بعض الـ..... القديمة التي ما زالت موجودة؟
ر) ما بعض الأساليب التعليمية الـ ..... ؟

11. What springs to mind when you read these phrases?

أ) نقطة تحول
ب) وجبات سريعة
ت) أطعمة تقليدية
ث) هواية جميلة
ج) حرفة قديمة

12. Complete each sentence with your ideas.

أ) بعد اكتشاف النفط تحولت منطقة الخليج .....
ب) أتمنى أن أكتشف كيف .....
ت) الحيوان الذي له مكانة خاصة في بلدي هو .....
ث) ما زال الكثير من الناس يبحث عن .....
ج) لا أستطيع أن أتخيل كيف .....

13. Study the following expressions. In what context was each one used in the text?

overnight	بين ليلة وضُحاها
on foot	سيرًا على الأقدام
not only . . . but	لم يكن . . . فحسب، بل
Survival	البَقاء على قَيْد الحياة
from one extreme to another	من النَقيض إلى النَقيض

14. Complete each statement with your ideas. Compare with a partner.

أ) تغيرت حياتي بين ليلة وضحاها عندما .....
ب) بعض الناس يسافر الآن سيرًا على الأقدام من أجل.....

ت) لم يكن اكتشاف النفط مهمًا لمنطقة الخليج فحسب، بل .....
ث) من أهم الأشياء للبقاء على قيد الحياة في الصحراء .....
ج) عندما تتغير الحياة من النقيض إلى النقيض ......

Verbs and Verb Forms أفعال وأوزان

15. Review hollow verbs. Complete the verb chart below.

اسم الفاعل	المصدر	المضارع	الماضي
			كان
		يعود	
			زال
		يعيش	
			غاص
		يسير	

16. Use the given verb in the appropriate form to complete each sentence.

أ) لم ...... الأطفال يتعلمون العلوم الحديثة في الكتاتيب. (كان)
ب) الجمال عادة ..... في مجموعات عبر الصحراء. (سار)
ت) لم يمارس الشباب الـ..... كهواية في الماضي. (غاص)
ث) لم ..... بعض الشباب إلى بلادهم بعد الدراسة في الخارج. (عاد)
ج) أنا لم ..... في الخليج من قبل لكن أريد أن أبحث عن عمل هناك. (عاش)
ح) بعض الأطفال لا ..... يحفظ القرآن. (زال)

Language Functions وظائف لغوية

Talking about Habitual Actions in the Past

To talk about habitual events and recurring actions in the past we use the verb كان in the past tense and the verb that describes the eventor action in the present tense. As is the case with the English construction "used to," we often use كان + الفعل المضارع to describe habitual behavior in the past which is no longer true.

كان+ الفعل المضارع

I was moving around a lot in my childhood.	**كنتُ أتنقل** كثيرًا في طفولتي.
We were moving around a lot in our childhood.	**كنا نتنقل** كثيرًا في طفولتنا.
They were moving around a lot in their childhood.	**كانوا يتنقلون** كثيرًا في طفولتهم.

When the subject is explicitly mentioned at the beginning of the sentence, it is positioned between the verb كان and the present tense verb. The verb كان is always singular because it precedes its subject, and it agrees with its subject in gender. The present tense verb agrees with the subject both in gender and number.

My father was moving around a lot in his childhood.	**كان والدي يتنقل** كثيرًا في طفولته.
My mother was moving around a lot in her childhood.	**كانت والدتي تتنقل** كثيرًا في طفولتها.
My friends were moving around a lot in their childhood.	**كان أصدقائي يتنقلون** كثيرًا في طفولتهم.

When the subject is explicitly mentioned in a subordinate sentence after the connector أنّ which has to be followed by a noun, the word order is: subject + the verb كان + the present tense verb.

I know that **my father was moving around** a lot in his childhood.	أعرف أنّ **والدي كان يتنقل** كثيرًا في طفولته.
I know that **my mother was moving around** a lot in her childhood.	أعرف أنّ **والدتي كانت تتنقل** كثيرًا في طفولتها.
I know that **my friends were moving around** a lot in their childhood.	أعرف أنّ **أصدقائي كانوا يتنقلون** كثيرًا في طفولتهم.

Talking about Continuing Habitual Past Actions

To talk about habitual or recurring past actions which are still going on, we use the negative form of the verb زال and the verb which describes the action in the present tense.

ما زال + الفعل المضارع

I still move around a lot.	**ما زلت أتنقل** كثيرًا.
You still move around a lot.	**ما زلتِ تتنقلين** كثيرًا.
They still move around a lot.	**ما زالوا يتنقلون** كثيرًا.

When the subject is explicitly mentioned, it is positioned between the verb ما زال and the present tense verb. The verb زال is always singular because it precedes its subject, and it agrees with its subject in gender. The present tense verb agrees with the subject both in gender and number.

My father **still moves around** a lot.	**ما زال** والدي **يتنقل** كثيرًا.
My sister **still moves around** a lot.	**ما زالت** أختي **تتنقل** كثيرًا.
My friends **still move around** a lot.	**ما زال** أصدقائي **يتنقلون** كثيرًا.

Talking about Discontinued Habitual Past Actions

To talk about habitual or recurring past actions which are no longer being done, we use the negative particle لم followed by the jussive form of the verb عاد، يعود and the verb that describes the even in the present tense.

لم يعد + الفعل المضارع

I no longer move around a lot.	**لم أعد أتنقل** كثيرًا .
You no longer move around a lot.	**لم تعودي تتنقلين** كثيرًا .
They no longer move around a lot.	**لم يعودوا يتنقلون** كثيرًا .

When the subject is explicitly mentioned, it is positioned between the verb عاد and the present tense verb. The verb عاد is always singular because it precedes its subject, and it agrees with its subject in gender. The present tense verb agrees with the subject both in gender and number.

My father **no longer moves around** a lot.	**لم يعد** والدي **يتنقل** كثيرًا .
My sister **no longer moves around** a lot.	**لم تعد** أختي **تتنقل** كثيرًا .
My friends **no longer move around** a lot.	**لم يعد** أصدقائي **يتنقلون** كثيرًا .

17. Find the above structures in the text and highlight them. Translate the sentences in which they appear into English.

18. Complete the statements below with your ideas. Compare with a partner.

أ) في المدرسة الابتدائية كنا نحفظ .....
ب) كان أصدقائي يمارسون .....
ت) في المناطق الساحلية كان الناس .....
ث) في فترة ما قبل النفط، كان العرب .....
ج) ما زلتُ .....
ح) ما زال أصدقائي .....
خ) في القرن الحادي والعشرين ما زال الناس .....
د) لم أعد .....
ذ) لم يعد أصدقائي .....

Role-Playing لعب الأدوار

19. Work with a partner to do the following role-play. Change roles.

دور ب	دور أ
تعتقد/تعتقدين أن الحياة بعد انتشار الهواتف الذكية أصبحت أسوا مما كانت عليه.	تعتقد/تعتقدين أن الحياة بعد انتشار الهواتف الذكية أصبحت أفضل مما كانت عليه.

Useful expressions

Generalizing

in general	عمومًا
all in all	على كل حال

Specifying

in particular	خصوصًا
specifically	تحديدًا

Giving examples

for example	فمثلًا
for instance	على سبيل المثال

Writing كتابة

20. Write a short article for the student paper on the following topic:

ماذا كانت نقطة التحول في حياتك؟ كيف كانت حياتك قبلها وكيف أصبحت بعدها؟

Include the following structures and expressions in your writing.

أ) كان + الفعل المضارع
ب) ما زال – لم يعد

ت) بين ليلة وضحاها
ث) لم يكن . . . فحسب، بل . . .
ج) من النقيض إلى النقيض

Up for Discussion مطروح للنقاش

21. Discuss the following questions and add some of your own.

أ) ماذا كانت نقطة تحول في حياتك؟ كيف تغيرت حياتك بعدها؟
ب) ماذا كانت نقطة تحول في تاريخ بلدك؟ كيف تغيرت حياة الناس بعدها؟
ت) ما أكبر التغييرات الإيجابية التي حدثت في العالم في العقود الأخيرة؟
ث) ما أكبر التغييرات السلبية التي حدثت في العالم في العقود الأخيرة؟
ج) هناك ناس لا يحبون التغيير ويخافون منه. ماذا يمكنك أن تقول/تقولي لهم؟

Discussion 16: Why Are Some Sports More Popular than Others?

النقاش السادس عشر: بعض الرياضات أكثر شعبية عن غيرها، فما السبب؟

Language in Focus

- Talking about the past

Structures and Connectors

- الفعل الماضي
- كان + الفعل المضارع
- كان + الفعل الماضي

Verb Forms

- Geminated Verbs

Introduction مقدمة

1. Work with a partner. Ask each other the questions below.

- ما رياضتك المفضلة؟ ولماذا؟
- ما أكثر الرياضات شعبية في بلدك وكيف انتشرت؟

2. Match up words and meanings.

winning
team
national team
game
match

لعْبة ج لُعب
مُباراة ج مباريات
فَريق ج فِرَق
مُنْتَخَب
فَوْز

3. Rank the following reasons for the popularity of football from most to least important (1–5).

أ) قواعد اللعبة سهلة. ......
ب) ليست رياضة غالية. ......
ت) هي رياضة مفيدة للصحة. ......
ث) لها تاريخ طويل في العالم. ......
ج) التلفزيون يذيع كثيرًا من المباريات. ......

Reading قراءة

4. Read the text.

لماذا يحب المصريون كرة القدم؟

كرة القدم هي الرياضة الوطنية الأكثر شعبية في مصر. فما إن تبدأ إحدى المباريات المهمة حتى تخلو الشوارع من الناس وتجتمع العائلات أمام شاشات التلفزيون. وبعد أن تنتهي المباراة تخرج الآلاف والملايين للاحتفال بفوز فريقهم أو منتخبهم الوطني.

دخلت كرة القدم مصر مع الاحتلال البريطاني عام ١٨٨٢. فقد كان الجنود يمارسون رياضتهم المفضلة في ساحات المعسكرات التي أقامها الجيش البريطاني في القاهرة والإسكندرية. وبدأ الأهالي يجتمعون لمشاهدة هذه اللعبة الجديدة فأعجبتهم لدرجة أنهم بدأوا يقلدون اللاعبين الإنجليز.

وكان البريطانيون قد طوروا كرة القدم في القرن التاسع عشر. ويعود إلى اتحاد كرة القدم الإنجليزي، الذي تأسس عام ١٨٦٣، الفضل في وضع قوانين موحدة للعبة التي نعرفها الآن. ونقل البريطانيون كرة القدم إلى مختلف أنحاء العالم خلال عهد الاستعمار.

وكان عام ١٨٩٢ نقطة تحول في تاريخ كرة القدم في مصر. فقد أصدر وزير المعارف آنذاك، محمد زكي باشا، قرارًا بإدخال كرة القدم إلى مناهج المدارس. وبدأت المدارس على الفور تشكل فرقًا لهذه الرياضة الجديدة وبدأ الطلاب يمارسونها بشكل منظم.

لكن لماذا أحب الناس كرة القدم إلى هذه الدرجة؟ ليس للحب تفسير دائمًا، لكن يبدو أن العوامل التي ساهمت في ذلك أنها لعبة سهلة وممتعة وغير مكلفة، لا تحتاج إلا إلى كرة ومجموعة من الأصدقاء للعب معهم.

5. Are the following statements true or false?

أ) عدد محبي كرة القدم أكبر من عدد محبي أي رياضة أخرى.
ب) تاريخ كرة القدم في مصر أطول من أي رياضة أخرى.
ت) جاء الإنجليز إلى القاهرة والإسكندرية بهدف نشر كرة القدم.
ث) قواعد كرة القدم لم تكن دائمًا موحدة.
ج) البريطانيون ساهموا في تطوير كرة القدم أكثر من غيرهم من الشعوب.
ح) الحكومة المصرية لم تساهم في نشر كرة القدم في البلاد.
خ) الناس يحبون كرة القدم لأنها رياضة سهلة وغير مكلفة.

6. Answer the questions.

أ) ما الدليل على شعبية كرة القدم إلى مصر؟
ب) كيف تعرف المصريون إلى كرة القدم؟
ت) ما دور البريطانيين في تاريخ هذه الرياضة؟
ث) ماذا كانت نقطة التحول في تاريخ كرة القدم في مصر؟
ج) لماذا يحب المصريون كرة القدم أكثر من غيرها من الرياضات؟

7. Act out a dialogue between a soccer fan and a basketball fan about the popularity of each sport.

8. Follow-up. Find out more about the following and present in class.

أ) الاحتلال البريطاني لمصر
ب) أكثر نوادي كرة القدم شعبية في مصر
ت) أنجح منتخب لكرة القدم في الوطن العربي

Vocabulary and Expressions مفردات وعبارات

9. Study the following words. In what context was each one used in the text?

to be empty of	خلا، يَخْلو الخلُوّ من
to gather together	اجتمع
to win	فاز، يفوز، الفوز ب
to occupy	احتلّ
to set up	أقام
to imitate	أقام
to develop	طوّر
to issue	أصدر
factor	عامِل ج عوامل
to contribute	ساهم

10. Fill in each question with a word from the table above. Answer the questions.

أ) هل ..... الشوارع من الناس بسبب الرياضة في مدينتك؟
ب) لماذا ..... العائلات المصرية أمام التلفزيون؟
ت) من ..... في آخر مباراة شاهدتها؟
ث) من ..... كرة القدم الحديثة كما نعرفها اليوم؟
ج) لماذا ..... الجيش البريطاني معسكرات في المدن المصرية؟
ح) لماذا ..... الأهالي في مصر رياضة الجنود الإنجليز؟
خ) ما ..... الرئيسية التي ساهمت في انتشار أكثر الرياضات شعبية في بلدك؟

11. What springs to mind when you read these phrases?

أ) المباراة المهمة
ب) عهد الاستعمار
ت) قواعد اللعبة
ث) قوانين موحدة
ج) العامل الرئيسي

12. Complete each statement with your ideas.

أ) يحتفل الناس .....
ب) لم يفز .....
ت) خلت شوارع مدينتي .....
ث) ساهم لاعبو كرة القدم .....
ج) يؤثر فوز المنتخب الوطني .....

13. Study the following expressions. In what context was each one used in the text?

as soon as	ما إن + الفعل . . . حتى
to the extent that	لدرجة أنّ
. . . thanks to . . .	يعود الفَضل في . . . إلى . . .
immediately	على الفور
to this extent	إلى هذه الدرجة

14. Complete each statement with your ideas. Compare with a partner.

أ) ما إن تبدأ الألعاب الأوليمبية حتى .....
ب) يحب الناس مشاهدة المباريات الرياضية لدرجة أنّ .....
ت) يعود الفضل في زيادة شعبية الرياضة إلى .....
ث) بعد فوز فريقي المفضل، أبدأ على الفور .....
ج) يحب الناس كرة القدم إلى هذه الدرجة لأنّ .....

Verbs and Verb Forms أفعال وأوزان

15. Review geminated verbs. Complete the verb chart below.

الوزن	الماضي - هو	الماضي - أنا	المضارع - هو	المصدر	اسم الفاعل
	ظنّ				
			يُحبّ		
	استغلّ				
				استمرار	

16. Use the given verb to complete the sentence.

أ) .....أن كرة القدم في الدول العربية للرجال فقط لكن ظني لم يكن صحيحًا. ظنّ
ب) أصدقائي ..... أن رياضة البيسبول منتشرة في الدول العربية. ظنّ
ت) هل ..... مشاهدة كرة القدم المصرية في أثناء إقامتكم بالقاهرة؟ أحب
ث) يعتبر السكواش من الرياضات التي .....ها المصريون. أحب
ج) نحن ...... فرصة إذاعة المباراة للمشي في الشوارع الخالية. استغلّ
ح) ..... في ممارسة كرة القدم إلى أن انكسرت رجلي. استمرّ
خ) بعض أصدقائي الذين ..... في ممارسة الرياضة حققوا نجاحًا عالميًا. استمرّ

Language Functions وظائف لغوية

Talking about Events in the Past

a) The Past Tense الفعل الماضي

We use the past tense to talk about something that happened once in the past.

The Ahly Club **won** the Egyptian League last year.	**فاز** النادي الأهلي بالدوري المصري السنة الماضية.
The match **ended** yesterday without goals.	**انتهت** المباراة يوم أمس بدون أهداف.

We also use the past tense to talk about something that was true for some time in the past.

We **played** soccer in high school.	**لعبنا** كرة القدم في المدرسة الثانوية.
He **stayed** as a coach to the national team from 2000 to 2005.	**بقي** مدربًا للمنتخب الوطني من ٢٠٠٠ إلى ٢٠٠٥.

b) The Past Continuous Tense كان + الفعل المضارع

We use the past continuous tense to talk about a recurring action in the past. The past continuous tense is formed by combining the verb كان in the past tense and the main verb in the present tense.

وكان + الفعل المضارع

We **used to play** soccer every Friday.	**كنا نلعب** كرة القدم كل يوم جمعة.
Students **used to train** before classes.	**كان** الطلاب **يتمرنون** قبل الفصول.

c) The Past Perfect Tense كان + (قد) الفعل الماضي

We use the past perfect when we are looking back from a point in the past to something earlier in the past. It is formed by combining both the verb كان and the main verb in the past tense. The main verb is sometimes preceded by the particle قد. It is not mandatory, but rather, a stylistic preference. The past perfect is often used to provide background information that helps us understand the current situation.

وكان + (قد) الفعل الماضي

Soccer is an international sport with unified rules. The English Soccer Association **had established** the rules of the game in 1863.	كرة القدم رياضة عالمية لها قواعد موحدة. وكان الاتحاد الانجليزي لكرة القدم **قد حدد** قوانين للعبة عام ١٨٦٣.
Sporting clubs became spread in Egypt in the first half of the twentieth century. The British **had founded** the first sporting club in Egypt in 1882.	انتشرت النوادي الرياضية في مصر في النصف الأول من القرن العشرين. **وكان** البريطانيون **قد أسسوا** أول نادٍ رياضي في مصر عام ١٨٨٢.

17. Find the above structures in the text and highlight them. Translate the sentences in which they appear into English.

18. Write a paragraph about each of the following sports using the tenses above.

أ) كرة القدم الأمريكية
ب) كرة السلة
ت) التنس

Role-Playing لعب الأدوار

19. Work with a partner to do the following role-play. Change roles.

دور ب	دور أ
أنت صحافي/ة وهدفك الكتابة حول قصص الناس حول أفضل المباريات التي شاهدوها في السنوات الخمس الأخيرة. حضر/حضري بعض الأسئلة.	ستتحدث/تتحدثين مع صحافي/ة حول أفضل مباراة في السنوات الخمس الأخيرة. احكِ/احكي عن الأحداث بالتفصيل.

Useful expressions

To sequence events in a story

at the beginning	في البداية
initially	في بادئ الأمر
after that	بعد ذلك
after a while	بعد فترة
then	ثُمّ
finally	أخيرًا
eventually	في نهاية المطاف

Writing كتابة

20. You are going to write a short article about the history of your favorite sport.

Include the following structures and expressions in your writing.

أ) الفعل الماضي، كان+ الفعل المضارع، كان + الفعل الماضي

ب) ما إن . . . حتى . . .

ت) يعود الفضل في ذلك إلى . . .

ث) لدرجة أنّ . . .

ج) على الفور

Up for Discussion مطروح للنقاش

21. Discuss the following questions and add some of your own.

أ) كيف تطورت أكثر الرياضات شعبية في بلدك؟
ب) ما تاريخ فريقك المفضل ولماذا أحببته؟
ت) ما المباراة الأكثر إثارة من بين ما شاهدت؟ وماذا حدث فيها؟
ث) ما قصة حياة الرياضي المفضل بالنسبة إليك؟
ج) كيف تطور اهتمامك الشخصي بالرياضة منذ طفولتك؟

Discussion 17: What Can We Do to End Plastic Pollution?

النقاش السابع عشر: ماذا يمكننا أن نفعل للقضاء على التلوث بالبلاستيك؟

Language in Focus

- Recommending solutions for an issue.

Structures and Connectors

- لا بد أن، يجب أن
- لا يجوز أن
- فعل الأمر والنهي

Verb Forms

- Imperative and prohibitive.

Introduction مقدمة

1. Work with a partner. Ask each other the questions below.

- ما موقفك من الأشياء المصنوعة من البلاستيك في حياتك اليومية؟
- هل هناك بعض القوانين التي تنظم استخدام البلاستيك في بلدك؟

2. Match up words and meanings.

environment
pollution
trash
crisis
climate

تلوُّث
نفايات
بيئة
مناخ
أزمة

3. Are the following statements true for you?

أ) أستعمل أكياس التسوق المصنوعة من البلاستيك أحيانًا.
ب) لا أشرب الماء في زجاجات بلاستيكية أبدًا.
ت) أتجنب أكل الأطعمة المجمدة في معظم الأحيان.
ث) عندما أشرب العصير خارج البيت، أستخدم شفاطة الشرب البلاستيكية.
ج) لا أحب أن أغسل يديّ بقطع الصابون، بل أفضل الصابون السائل.
ح) عندما أسافر بالطائرة، دائمًا أحمل السماعات الخاصة بي.

Reading قراءة

4. Read the text.

وجهان لعملة واحدة

أصبح التلوث بسبب النفايات البلاستيكية قضية ساخنة في كل أنحاء العالم. وتنقل لنا وسائل الإعلام العالمية بشكل يومي صورًا صادمة للأضرار التي تسببها تلك النفايات في البيئة الطبيعية. لا شك أن الحكومات يجب أن تستثمر أكثر في البحث العلمي لإيجاد حل لهذه المشكلة الخطيرة، كما يجب أن يصدر صناع القرار قوانين أكثر صرامة لفرض قيود على استخدام المواد البلاستيكية، لا سيما تلك التي تستخدم لمرة واحدة. لكن العمل الحكومي وحده لا يكفي للقضاء على النفايات البلاستيكية، بل لا بد أن يشارك الجميع في حل المشكلة. لا يجوز أن نقف مكتوفي الأيدي، فالتحركات الفردية مهمة جدًا.

فيما يلي بعض الأشياء التي يمكنكم القيام بها—ابدؤوا اليوم—لوضع حد للتلوث البلاستيكي:

- استعملوا أكياس السوق المصنوعة من القماش.
- تجنبوا شراء الماء والعصائر في عبوات بلاستيكية.
- لا تأكلوا الأطعمة المجمدة.
- ارفضوا استخدام شفاطات الشرب البلاستيكية.
- استخدموا مسحوق الصابون بدلًا من الصابون السائل.
- استخدموا سمّاعات الرأس الخاصة بكم خلال السفر بالطائرة.

في العالم، يتم شراء مليون عبوة مياه شرب بلاستيكية كل دقيقة. ويتم استخدام خمسة تريليونات من أكياس البلاستيك كل عام. إن أزمة النفايات البلاستيكية وأزمة المناخ وجهان لعملة واحدة. ولذلك فلا بد أن نعمل جميعًا على خفض كميات البلاستيك التي ننتجها ونستهلكها ونتخلص منها وإلا تسببنا في تدمير كوكب الأرض.

5. Are the following statements true or false?

أ) الصحافيون يجعلون المشكلة أكبر.

ب) ليس هناك بحث علمي كافٍ حول كيفية القضاء على التلوث بسبب البلاستيك.

ت) الجهود الفردية لا تكفي للقضاء على النفايات البلاستيكية.

ث) يجب أن نقلل من شرب الماء والعصائر.

ج) يجب تجنب أكل الأطعمة المجمدة لأنها تتسبب في مشاكل صحية.

ح) هناك علاقة بين النفايات البلاستيكية وتغير المناخ.

6. Answer the questions.

أ) ما القضية التي يتناولها المقال؟
ب) ما دور وسائل الإعلام في القضية؟
ت) أين الحل في رأي كاتبة المقال؟
ث) ما الجهود الفردية المطلوبة؟
ج) ماذا سيحدث في حالة عدم إيجاد حل للمشكلة؟

7. In small groups, act out a conversation between friends who decided to cut down on their use of plastic.

8. Follow-up. Read about the issues below and present in class.

أ) ما أضرار النفايات البلاستيكية على البيئة الصحراوية؟
ب) كيف يتعامل بعض الدول العربية مع النفايات البلاستيكية؟

Vocabulary and Expressions مفردات وعبارات

9. Study the following words. In what context was each one mentioned in the text?

damage	ضَرَر ج أضْرار
to invest	استثمر
strict	صارِم
to impose	فرَض، يفرِض، الفرْض علَى
restriction	قَيْد ج قُيُود
to terminate	قضى، يقضي، القضاء على
container	عُبُوّة ج ات
to reduce	خَفَض، يخْفِض، الخفْض
to consume	استهلك
to get rid of	تخلص من
to destroy	دمّر

10. Fill in each question with a word from the table above. Answer the questions.

أ) في رأيك، هل ...... الحكومة في البحث العلمي بشكل كاف؟
ب) ما بعض ..... التي تتسبب فيها النفايات البلاستيكية في البيئة التي تعيشون فيها ؟
ت) ما بعض ..... التي تفرضها الحكومة في بلدكم الآن على استخدام البلاستيك ؟
ث) هل تعتقدون أن الحكومة تفرض قوانين ..... لحماية البيئة بشكل عام؟
ج) ما ..... المناسبة للأكل الذي نريد أن نأخذه خارج البيت؟
ح) لماذا ..... الناس كميات كبيرة من البلاستيك، وهم يعرفون أنه يسبب أضرارًا بالبيئة؟
خ) ما بعض الطرق المستخدمة للـ ...... من النفايات في المنطقة التي تعيشون فيها؟
د) هل تظنون أن الإنسان يمكن أن ..... كوكب الأرض فعلًا؟

11. What springs to mind when you read these phrases?

أ) وسائل الإعلام العالمية
ب) قوانين أكثر صرامة
ت) فرض قيود جديدة
ث) إيجاد حل لمشكلة خطيرة
ج) التحركات الفردية المهمة

12. Complete each sentence with your ideas.

أ) يجب أن أتخلص .....
ب) التلوث يؤدي .....
ت) لا بد أن نقضي .....
ث) يجب أن تفرض الحكومة قيودًا .....
ج) أريد أن أستثمر أموالي ......

13. Study the following expressions. In what context was each one used in the text?

two sides of the same coin وَجْهان لعملة واحدة
especially لا سِيَما
to stand idly by وقف مَكتُوف اليدين
to put an end to . . . وَضَع حدّاً لـ...

14. Complete each statement with your ideas. Compare with a partner.

أ) أزمة النفايات البلاستيكية وأزمة المناخ وجهان لعملة واحدة لأن .....
ب) يجب أن نهتم بقضايا البيئة ولا سيما .....
ت) لا يجوز أن نقف مكتوفي الأيدي أمام .....
ث) لا بد أن نضع حدًا لـ .....

Verbs and Verb Forms أفعال وأوزان

15. Review the imperative and prohibitive. Complete the chart below.

الأمر – أنتم	الأمر – أنتِ	الأمر – أنتَ	المضارع	الماضي	الوزن
				استثمر	
			يتجنب		
				خفض	
			يدمّر		
				استهلك	

16. Use each imperative in the table in a sentence of your own, in the context of the environment.

Language Functions وظائف لغوية

Recommending solutions for an issue

Arabic does not have modal verbs that correspond exactly to the modals in English such as "must," "have to," "ought to," "should," and so on. To convey the meaning expressed by the modal verbs, Arabic uses impersonal verbs like يجب followed by أنْ clause and some expressions, like لا بد. Study the examples below keeping in mind that the English and Arabic versions only loosely correspond to one another. For example, يجب أن can mean both "must" or "should," depending on the context.

To say something is necessary (i.e., there is a strong obligation) we can use the verb يجب أن, or the expressions لا بُدَّ أنْ, followed by the subjunctive, الفعل المضارع المنصوب.

We **must** protect the environment.	**يجب أن نحمي** البيئة.
We **must** eliminate plastic.	**لا بد أنْ نتخلص** من البلاستيك.

To say something isn't necessary, we use لا يجب أنْ followed by a subjunctive verb,الفعل المضارع المنصوب.

We **don't have to** use plastic bags.	**لا يجب أن نستخدم** الأكياس البلاستيكية.
We **don't have to** drink water from plastic bottles.	**لا يجب أن نشرب** الماء من زجاجات بلاستيكية.

To say something is not allowed or not acceptable we can use the negative form of the verb جاز، يجوز ("to be permissible"), لا يجوز أنْ, followed by a subjunctive verb,الفعل المضارع المنصوب.

We **should not buy** plastic bottles.	**لا يجوز أن نشتري** زجاجات بلاستيكية.
You **should not eat** frozen foods.	**لا يجوز أن تأكلوا** الأطعمة المجمدة.

When recommending a solution to a problem, we can influence the person we are speaking to by prompting them to perform or not perform a specific action. The most direct way of doing this is through the use of the imperative and prohibitive.

Use containers made of glass.	**استخدموا** عبوات مصنوعة من الزجاج.
Don't use containers made of plastic.	**لا تستخدموا** عبوات مصنوعة من البلاستيك.

17. Find the above structures in the text and highlight them. Translate the sentences in which they appear into English.

18. Complete the sentences below in the context of environmental issues.

أ) الحكومة يجب أنْ .....
ب) العلماء يجب أن ......
ت) كل مواطن يجب أن ......
ث) لا بد أن .....
ج) نظرًا إلى أن أزمة المناخ خطيرة جدًا، لا بد أن .....
ح) الناس الذين يستخدمون الأكياس البلاستيكية لا بد أن ......
خ) لا يجب أن .....
د) نظرًا إلى أن شفاطات الشرب ليست شيئًا أساسيًا، لا يجب أن .....
ذ) لا يجوز أن تعدم المطاعم .....
ر) لا يجوز أن .....

Role-Playing لعب الأدوار

19. Work with a partner to do the following role-play. Change roles.

دور ب	دور أ
تعتقد/تعتقدين أن الأفراد يجب أن يعملوا أكثر لحل مشكلة النفايات البلاستيكية. قدم/قدمي بعض الاقتراحات لينفذها الأفراد في هذا المجال.	تعتقد/تعتقدين أن الحكومة يجب أن تعمل أكثر لحل مشكلة النفايات البلاستيكية. قدم/قدمي بعض الاقتراحات لتنفذها الحكومة في هذا المجال.

Useful expressions

Making suggestions

I have an idea.	عندي فكرة.
Let me say this, . . .	اسمح/اسمحي لي أن أقول . . .

Positively responding

An excellent idea!	فكرة ممتازة!
This will be really beneficial.	هذا سيكون مفيدًا جدًا.

Positively responding

Allow me to disagree.	اسمح/اسمحي لي أن أختلف معك.
I don't think this is realistic.	لا أظن أن هذا واقعي.

Writing كتابة

20. Write your suggestions for solving some environmental issues in the area where you live. Include the following structures and expressions in your writing:

أ) يجب أن - لا بد أن - لا يجب أن - لا يجوز أن
ب) وقف مكتوف اليدين
ت) وضع حدًا لـ...
ث) وَجْهان لعملة واحدة

Up for Discussion مطروح للنقاش

21. Discuss the following questions and add some of your own.

أ) ما حل المشاكل البيئية الناتجة عن النفايات البلاستيكية في رأيكم؟
ب) محلات السوبرماركت تستخدم الكثير من العبوات البلاستيكية، فما الحل؟
ت) في حال منع البلاستيك، ما المشاكل التي ستواجهنا؟ وما حلها؟
ث) ما أكبر المشاكل البيئية؟ وماذا يجب أن نفعل لحلها؟
ج) ما بعض الأشياء التي تفعلونها لوضع حد لتغير المناخ؟

Discussion 18: What Is Your Carbon Footprint?

النقاش الثامن عشر: ما بصمتك الكربونية؟

Language in Focus

- Drawing conclusions

Structures and Connectors

- وبالتالي فإن
- إذن فإن

Verb Forms

- Verb Form VII

Introduction مقدمة

1. Work with a partner. Ask each other these questions.

- ما البصمة الكربونية وما أهميتها؟
- هل تعرف ما بصمتك الكربونية وكيف يمكنك تقليلها؟

2. Match up words and meanings.

global warming	البَصْمة الكربونية
carbon emissions	الاحتباس الحراري
carbon dioxide	تغير المناخ
climate change	الانبعاثات الكربونية
carbon footprint	غاز ثاني أكسيد الكربون

3. Rank the following activities from most to least damaging for the environment.

أ) استخدام التكييف
ب) السفر بالطائرة
ت) السفر بالقطار
ث) استخدام الأكياس البلاستيكية
ج) كثرة التسوق
ح) استخدام الميكروويف
خ) أكل اللحوم الحمراء
د) استخدام غسالة الملابس

Reading قراءة

4. Read the text.

البصمة الكربونية والمسؤولية الفردية

البصمة الكربونية مؤشر يعبر عن كمية انبعاثات غاز ثاني أكسيد الكربون المسببة لظاهرة الاحتباس الحراري. ويؤدي الاحتباس الحراري إلى ظاهرة تغير المناخ التي تهدد الحياة على الأرض. وبالتالي فإن قياس البصمة الكربونية أمر في غاية الأهمية لمعرفة النشاطات التي يجب الحد منها من أجل إنقاذ كوكبنا.

لا نبالغ إذا قلنا إن كل اختياراتنا اليومية لها تأثير في البيئة. استخدام السيارة الشخصية والسفر بالطائرة واستعمال التكييف وأكل الكثير من اللحوم، جميعها من السلوكيات التي تجعل بصمتنا الكربونية كبيرة. إن خفض الانبعاثات الكربونية شرط لا بد منه لاستمرار الحياة على الأرض. إذن، فإن كل فرد من أفراد المجتمع البشري مسؤول عن تقليل بصمته الكربونية.

يدق العلماء ناقوس الخطر محذرين من مخاطر الاستمرار في الإضرار بالبيئة. كما يؤكدون أن بعض التغييرات البسيطة في أسلوب حياتنا يمكنها أن تقلل نسبة لا بأس بها من انبعاثات الكربون، ومن بين التغييرات التي يقترحونها:

- الانتقال إلى مكان العمل سيرًا على الأقدام
- شراء سيارة كهربائية
- تقليل السفر بالطائرة
- الترشيد في استهلاك الكهرباء والماء
- التسوق من شركات صديقة للبيئة فقط
- إعادة تدوير النفايات الورقية والبلاستيكية
- تقليل أكل اللحوم الحمراء

5. Are these statements true or false?

أ) البصمة الكربونية تقدم لنا معلومات عن انبعاثات الكربون.

ب) تغير المناخ يمثل خطرًا على النباتات والحيوانات والإنسان.

ت) قياس البصمة الكربونية من النشاطات التي يجب أن نحد منها.

ث) عدم استخدام التكييف يؤثر في البيئة بشكل إيجابي.

ج) المجتمع مسؤول عن كل فرد وبصمته الكربونية.

ح) كل شخص يمكن أن يساعد في تقليل انبعاثات الكربون.

6. Answer the questions.

أ) ما السبب لظاهرة الاحتباس الحراري؟
ب) كيف يؤثر الاحتباس الحراري في البيئة؟
ت) ما أهمية قياس البصمة الكربونية؟
ث) كيف يساهم الناس في زيادة انبعاثات الكربون؟
ج) ما اقتراح العلماء من أجل حل المشكلة؟

7. In small groups, act out a conversation between friends who are planning to take measures to reduce their carbon footprint.

8. Follow-up. Find out what measures different Arab countries are taking to reduce their carbon footprint. Present in class.

Vocabulary and Expressions مفردات وعبارات

9. Study the following words. In what context was each one used in the text?

indicator	مُؤَشِّر ج ات
to measure	قاس، يقيس، القياس
behavior	سُلوك ج سُلوكيّات
to reduce	خفَض، يَخْفِض، الخَفْض
phenomenon	ظاهِرة ج ظواهر
to limit	حَدّ، يحِدّ، الحَدّ من
to save	أنقذ
to exaggerate	بالغ
to warn	حذّر من
to harm	أضرّ بـ
rationalization	ترشيد

10. Fill in each question with a word from the table above. Answer the questions.

أ) ما بعض المخاطر الناتجة عن ..... تغير المناخ؟
ب) ما بعض النشاطات التي يمكن أن ..... منها لحماية البيئة؟
ت) هل تظنون أن العلماء ..... في تحذيراتهم من مخاطر تغير المناخ؟
ث) ما النشاطات الأكثر ..... بالبيئة في رأيكم؟

ج) كيف يمكننا أن نقوم بـ ..... الكهرباء والماء في منازلنا؟
ح) هل يستطيع البشر أن ..... العالم في رأيكم ولماذا؟
خ) كيف يمكننا أن ..... بصمتنا الكربونية؟

11. What springs to mind when you read these phrases?

أ) مؤشّر جيد
ب) سُلوكيات سلبية
ت) مسؤولية فردية
ث) الإضرار بالبيئة
ج) اقتراحات العلماء

12. Complete each sentence with your ideas.

أ) يحذّر العلماء .....
ب) التوقف عن التسوق سيفيد البيئة لكنه يضر .....
ت) لا يمكننا أن نبالغ ....
ث) عدم ترشيد الماء قد يؤدي .....
ج) في الفترة القادمة سأحدّ .....

13. Study the following expressions. In what context was each one used in the text?

أمر في غاية الأهمية	(it is) critical
شرط لا بد منه	a necessary condition
دقّ ناقوس الخطر	to sound the alarm
نسبة لا بأس بها	considerable amount
إعادة التدوير	recycling

14. Complete each statement with your ideas. Compare with a partner.

أ) من الأمور في غاية الأهمية لمستقبل البشرية .....
ب) تقليل أكل اللحوم شرط لا بد منه .....
ت) يدق الأطباء ناقوس الخطر .....
ث) إطفاء النور في الأماكن غير الضرورية يوفر نسبة لا بأس بها .....
ج) إعادة التدوير .....

Verbs and Verb Forms أفعال وأوزان

15. Review verb form VII. Complete the chart below.

اسم الفاعل	المصدر	المضارع	الماضي
			انفتح
			انشغل
			انقسم
			انخفض
			انكسر

16. Use the words from the table above to complete these sentences.

أ) ..... المجتمع إلى مجموعة تؤمن بتغير المناخ ومجموعة لا تؤمن به.
ب) ..... بعض الناس بنشاطاتهم اليومية ولا يفكرون في مستقبل العالم.
ت) ..... نسبة الانبعاثات الكربونية خلال انتشار جائحة الكوفيد-١٩.
ث) ..... عقول الناس على البحث عن طرق لحماية البيئة.
ج) ..... الكثير من الأشجار بسبب تغير المناخ.

Language Functions وظائف لغوية

Drawing Conclusions

The following are some of the constructions we can use to signal that we are going to draw a conclusion or talk about consequences of what has previously been mentioned.

a) (فإن) وبالتالي meaning "therefore" or "consequently."

followed by a nominal sentence ← وبالتالي فإن

Water is the source of life, **therefore**, we have to preserve it.	الماء مصدر الحياة **وبالتالي فإننا** يجب أن نحافظ عليه.
Tourism harms the environment, **therefore**, governments have to regulate it.	السياحة مضرة بالبيئة وبالتالي **فإن** الحكومات يجب أن تنظمها.

b) (فإن) إذن meaning "so," "then," or "thus."

followed by a nominal sentence ← إذن فإن

Electric cars are expensive, **so** most people cannot buy them.	السيارات الكهربائية غالية **إذن فإن** معظم الناس لا يستطيعون شراءها.
Plastic waste is dangerous for fish, **then**, dumping them in oceans must be banned.	النفايات البلاستيكية خطر على الأسماك **إذن فإنه** يجب منع رميها في المحيطات.

17. Find the above structures in the text and highlight them. Translate the sentences in which they appear into English.

18. Complete these sentences with your ideas. Compare with a partner.

أ) صناعة اللحوم مسؤولة عن ثمانين بالمائة من الانبعاثات الكربونية وبالتالي فإنّ .....
ب) هناك دراسات علمية تثبت أن أكل اللحوم مهم لصحة الإنسان إذن فإنّ .....
ت) إعادة التدوير تساعد في خفض التلوث وبالتالي فإن .....
ث) معظم الناس في الدول الغنية يشترون كثيرًا من الأشياء التي لا يحتاجون إليها، إذن فإن .....
ج) الانتقال إلى مكان العمل أو الدراسة سيرًا على الأقدام مفيد للصحة وبالتالي فإنّ .....
ح) السفر عبر المحيط الأطلنطي يستمر فترة طويلة، إذن فإن .....

Role-Playing لعب الأدوار

19. Work with a partner to do the following role-play. Change roles.

دور ب	دور أ
أنت تؤمن/تومنين بأن المناخ يتغير. اشرح/اشرحي كيف توصلت إلى هذا الاستنتاج.	أنت تؤمن/تومنين بأن المناخ لا يتغير. اشرح/اشرحي كيف توصلت إلى هذا الاستنتاج.

Useful expressions

Insisting on a point

I am certain that . . . — أنا متأكد/ة أنّ . . .

It is beyond doubt that . . . — لا مجال للشكّ أنّ . . .

Suggesting an alternative viewpoint

Have you thought about . . .? — هل فكرت في . . .؟

And what about . . .? — وماذا عن . . .؟

Writing كتابة

20. Calculate your carbon footprint using an app. What conclusions can you make based on the process and what can you do in the future to reduce your carbon footprint? Include the following structures and expressions in your writing.

أ) وبالتالي فإن/إذن فإن
ب) شرط لا بد منه
ت) نسبة لا بأس بها
ث) لا أبالغ إذا قلت

Up for Discussion مطروح للنقاش

21. Discuss the following questions and add some of your own.

أ) ما الأشياء التي تستطيع أن تفعلها لخفض بصمتك الكربونية؟
ب) لماذا لا يهتم بعض الناس ببصمتهم الكربونية؟ وكيف يمكن تغيير رأيهم؟
ت) ما الأشياء التي لا تستطيع فعلها لخفض بصمتك الكربونية؟
ث) ما الأشياء التي تعمل عليها حكومة بلدك لتقليل الانبعاثات الكربونية؟
ج) ما المنظمات أو النشاطات التي يمكنك أن تشارك فيها من أجل حماية البيئة، ولماذا؟

Discussion 19: Is a University Degree Still Important?

النقاش التاسع عشر: هل ما زالت الشهادة الجامعية مهمة؟

Language in Focus

- Talking about general truths
- Speculating about the present and future

Structures and Connectors

- الجملة الشرطية

Verb Forms

- General review

Introduction مقدمة

1. Work with a partner. Ask each other the questions below.

- لماذا قررت أن تدرس/تدرسي في الجامعة؟
- هل الشهادة مهمة للنجاح في الحياة المهنية؟

2. Match up terms and meanings.

qualification
profession
skill
investment
indicator

مهنة
مؤهَّل
مؤشر
مهارة
استثمار

3. Do you agree with the statements below? Why?

أ) المؤهل العلمي يضمن للشخص وظيفة جيدة.
ب) المؤهل العلمي مؤشر لمستوى الدخل في المستقبل.
ت) الروبوتات ستقلل فرص الناس للحصول على وظيفة.
ث) الشهادة الجامعية أهم من مهارات الحياة للنجاح.
ج) الاستثمار في البورصة أفضل طريقة لكسب المال.

Reading قراءة

4. Read the text.

سر النجاح في الحياة المهنية

إذا تقدم الشخص للوظيفة، سُئِل عن مؤهله العلمي. وإذا أجاب قائلًا إنه يحمل شهادة جامعية زادت فرصه للحصول على الوظيفة. هذا ما نؤمن به، لكن كل

المؤشرات تدل على أن الكثير من الوظائف التي تتطلب الشهادة الجامعية اليوم، ستختفي قريبًا نتيجة لتطور الذكاء الاصطناعي، وسيجد العديد من خريجي الجامعة أنفسهم في صفوف العاطلين عن العمل خلال السنوات القليلة القادمة.

إن ستين في المائة من الأشخاص الذين حققوا نجاحًا لا مثيل له في عالم المال والأعمال لم يتخرجوا في الجامعة. لكن، إذا لم تكمل دراستك فهل معنى ذلك أنك ستنجح مثل (بيل جيتس)؟ ليس بالضرورة، لكن الأخصائيين النفسيين يؤكدون أن سر النجاح في الحياة المهنية لا يكمن في مستوى التعليم وإنما يكمن في المقام الأول في مهارات الحياة مثل التواصل والتفاوض والمرونة والتنظيم والتعاون والتفكير النقدي وإدارة الأزمات.

يسود الاعتقاد أن الشهادة لا غنى عنها للحصول على وظيفة براتب جيد. لكن هناك من يقول إن الاستثمار في البورصة أفضل من صرف الأموال على التعليم الجامعي. إن مائة ألف دولار، إذا استثمرها الشخص بنسبة فائدة خمسة في المائة فقط، فستصير نصف مليون دولار عندما يبلغ خمسين سنة، وهذا أكثر من زيادة الدخل التي يمكن أن يحققها إذا صرف هذا المبلغ على شهادة الدكتوراه.

5. Are these statements true or false?

أ) لم يعد الناس يؤمنون أن المؤهل العلمي مهم للنجاح.
ب) خريجو الجامعة لن يجدوا العمل في المستقبل القريب.
ت) من يريد أن ينجح مثل بيل جيتس يجب أن يترك الجامعة.
ث) مهارات الحياة ليست مهمة للنجاح في مجال العمل.
ج) الشخص الذي يحصل على الدكتوراه لن يكسب كثيرًا من الأموال.

6. Answer the questions.

أ) ما معتقدات الناس حول أهمية الشهادة الجامعية؟
ب) ما التوقعات حول مستقبل سوق العمل؟
ت) ماذا نستنتج من أمثلة الناجحين في مجال الأعمال والمال؟
ث) ماذا يقول الأخصائيون عن العوامل الرئيسية للنجاح؟
ج) لماذا يقول البعض إن الاستثمار في البورصة أفضل من الاستثمار في التعليم؟

7. In small groups, act out a discussion between a psychologist, a scientist, and an entrepreneur about the importance of a university degree.

8. Follow-up. Find out about the most popular degrees in the Arab world. Present in class.

Vocabulary and Expressions مفردات وعبارات

9. Study the following words. In what context was each one used in the book?

to apply for	تقدم لـ...
to show	دلّ، يدلّ، الدليل على
to require	تطلب
to disappear	اختفى
to complete	أكمل
lies in	يَكْمُن في
to negotiate	تفاوض
flexibility	مُرونة
interest (bank)	فائدة ج فوائد
stock market	بورصة
income	دخْل ج دُخول

10. Fill in each question with a word from the table above. Answer the questions.

أ) ما الوظائف التي سـ ..... في المستقبل القريب؟
ب) ما الـ ..... السنوي الذي تتوقعونه بعد التخرج؟
ت) ما بعض الوظائف الجيدة التي لا ..... الشهادة الجامعية؟
ث) ما ..... التي يقدمها البنك الذي تضعون فيه أموالكم؟
ج) من بعض الأشخاص الذين لم ..... تعليمهم لكنهم نجحوا في الحياة؟
ح) هل ..... المؤهل العلمي على ذكاء الشخص؟
خ) ما الوظيفة التي تريد أن ..... لها بعد التخرج؟
د) أين ..... سر النجاح في رأيك؟
ذ) هل سبق أن استثمرت المال في ..... ؟
ر) ما صفات الشخص الذي ..... بشكل جيد؟

11. What springs to mind when you read these phrases?

أ) التفكير النقدي
ب) إدارة الأزمات

ت) التنظيم الجيد
ث) الشخص المتعاون
ج) صرف الأموال

12. Complete each sentence with ideas of your own.

أ) سر النجاح في الحياة يكمن .....
ب) مستوى دخل الشخص يدل .....
ت) العلاقات الإنسانية الجيدة تتطلب .....
ث) معظم الناس الذين تخرجوا .....
ج) الناس الذين يستثمرون .....

13. Study the following expressions. In what context was each one used in the text?

unemployed	عاطل عن العمل
unparalleled	لا مثيل له
primarily	في المقام الأول
it is believed that	يسود الاعتقاد أنّ
indispensable	لا غِنى عنه

14. Complete each statement with your ideas. Compare with a partner.

أ) العاطلون عن العمل .....
ب) من الناس الذين حققوا نجاحًا لا مثيل له .....
ت) التقدم التكنولوجي يؤثر في المقام الأول .....
ث) يسود الاعتقاد أنّ .....
ج) الروبوتات لا غنى عنها في مجال .....

Verbs and Verb Forms أفعال وأوزان

15. Complete the chart below.

اسم المفعول	اسم الفاعل	المصدر	المضارع	الماضي	الوزن
				تطلب	
			يختفي		
				أدار	
			يستثمر		
				تفاوض	

16. Fill in each space with a word from the chart above.

أ) النجاح في العلاقات الإنسانية ..... مهارات التواصل والتفاوض والتعاون.
ب) الشخص الذي أثبت نفسه في ..... الأزمات مطلوب في الكثير من الوظائف.
ت) الكثير من الناس ..... أموالهم في البورصة لكنهم لم يكسبوا شيئًا.
ث) في عائلتي يسود الاعتقاد أن ...... في التعليم أفضل أنواع الاستثمار.
ج) عندما نتقدم للوظيفة يجب أن ..... من أجل تحديد الراتب.
ح) مهارة ..... مهمة لبناء روح الفريق، لأن الناس دائمًا يختلفون في آرائهم.
خ) لا أستطيع أن أتخيل أن وظيفة المحامي ممكن أن ...... في المستقبل القريب.
د) هناك كثير من المهن التي كانت موجودة في الماضي لكنها ..... .

Language Functions وظائف لغوية

Speaking about General Truths

part two: result	←	connector	←	part one: condition	←	conditional particle

The type of the conditional sentence we use to express general truths has the following components:

الفعل الماضي	←	no connector	←	الفعل الماضي	←	إذا

The condition expressed in the first part of the sentence is realistic, and the outcome which is expressed in the second part of the sentence is certain and predictable. We are talking about situations that are always true, like scientific laws and rules. We can also use it to express strong opinions based on generalizations, that is, things we believe are just like natural laws

If you **heat** ice, it **melts.**	إذا سخّنت الثلج ساح.
If you **work hard**, you **succeed.**	إذا اجتهدتَ نجحتَ.

Notice that both the verb in the first part of this conditional sentence and the verb in the second part, are in the past tense, but they do not refer to the past. The conditional particle makes these sentences "time-less."

To negate the verb after إذا, we use لم followed by the jussive verb.

If you **don't heat** ice, it **doesn't melt.**	**إذا لم** تسخن الثلج **لم** يسح.
If you **don't work hard**, you **don't succeed.**	**إذا لم** تجتهد **لم** تنجح.

Speculating about Realistic Conditions with Probable Outcomes

To speculate about a situation in the present or future, we use the conditional sentence with the following structure:

الفعل المضارع/ المستقبل الأمر/الجملة الاسمية/ السؤال	←	فـ	←	الفعل الماضي	←	إذا

The condition is realistic, and its result is probable. Unlike the first type of conditional, the result is not certain and it doesn't seem like a natural consequence of the condition.

If you **pass** the exam, I **will invite** you to dinner.	**إذا نجحت** في الامتحان **فسأدعوك** للعشاء.
If they **graduate** this year, **offer** them a job in our company.	**إذا تخرجوا** هذه السنة **فاعرض** عليهم العمل في شركتنا.

To negate the verb after إذا, we must use لـم followed by the jussive verb. To negate the second part of the sentence, we must use the particle which is appropriate: لا for the present verb and the imperative, لـن for the future, and ليـس or the nominal sentence.

If you **don't pass** the exam, **I am not going to invite** you for dinner.	**إذا لم تنجح** في الامتحان **فلن أدعوك** للعشاء.
If they **don't graduate** this year, **don't offer** them a job in our company.	**إذا لم يتخرجوا** هذه السنة **فلا تعرض** عليهم العمل في شركتنا.

17. Find the above structures in the text and highlight them. Translate the sentences in which they appear into English.

18. Complete these sentences with your ideas. Share with a partner.

أ) إذا ذاكرتُ بالليل .....
ب) إذا لم أشرب القهوة قبل الفصل .....

ت) إذا أكملت الواجب قبل الساعة العاشرة مساء .....
ث) إذا لم تسترح خلال الإجازة .....
ج) إذا حصلت على درجة سيئة في مادة من المواد التي أحبها .....
ح) إذا لم أستعد للامتحان بشكل جيد ......
خ) إذا سافرت مع أصدقائي بعد التخرج .....
د) إذا لم أتخرج في الموعد المناسب .....

Role-Playing لعب الأدوار

19. Work with a partner to do the following role-play. Change roles.

دور ب	دور أ
تعتقد/تعتقدين أن نظام التعليم في بلدك جيد جدًا. إذا تغير التعليم فإنه لن يكون مفيدًا للطلاب.	تعتقد/تعتقدين أن نظام التعليم في بلدك ليس جيدًا. إذا لم يتغير التعليم فإن الخريجين سيصبحون عاطلين عن العمل في المستقبل القريب.

Useful expressions

To speculate about the future

I wouldn't be surprised if . . . — لن أتفاجأ إذا . . .
in all probability — على الأرجح

To give yourself time to think

It is an excellent question, but I haven't thought about it before. What do you think? — هذا سؤال ممتاز لكن أنا لم أفكر فيه من قبل. ما رأيك أنت؟
This needs more thinking. — هذا يحتاج إلى مزيد من التفكير.

Writing كتابة

20. You have read many posts on social media that say that a university degree has lost its importance. What is your view on this issue? Write a blog post about it. Include the following structures and expressions in your writing:

أ) الجملة الشرطية
ب) في المَقام الأول
ت) يسود الاعتقاد أنّ . . .
ث) لا غِنىً عنه
ج) لا مَثيلَ له

Up for Discussion مطروح للنقاش

21. Discuss the following questions and add some of your own.

أ) إذا قررت أن تكمل دراستك في الخارج فأين ستدرس/تدرسين، ولماذا؟
ب) إذا لم تكمل دراستك الجامعية فماذا يمكنك أن تعمل/تعملي؟
ت) إذا حصلت على وظيفة أحلامك فكيف تتخيل/تتخيلين حياتك؟
ث) إذا تقدم للوظيفة شخصان، أحدهما عنده شهادة والآخر عنده خبرة، فأيهما يجب أن يحصل على الوظيفة؟
ج) إذا قال لك أحد إن التعليم الجامعي لا قيمة له فكيف ترد/تردين؟

٢٠

Discussion 20: Could the Covid-19 Pandemic Have Been Prevented?

النقاش العشرون: هل كان من الممكن منع جائحة كوفيد ١٩ من الانتشار؟

Language in Focus

- Speculating about the past

Structures and Connectors

- الجملة الشرطية

Verb Forms

- Quadriliteral Verbs

Introduction مقدمة

1. Work with a partner. Ask each other the questions below.

- ماذا تعرفون عن الأيام الأولى لجائحة كوفيد ١٩؟
- كيف تغيرت حياة الناس بسبب جائحة كوفيد ١٩؟

2. Match up words and meanings.

isolation
pandemic
epidemic
contagion
infected person

وَباء
عَدْوى
جائحة
مُصاب
عَزْل

3. Rate the following measures according to their importance for preventing the spread of contagious diseases.

أ) غسل اليدين .....
ب) فرض الإغلاق .....
ت) لبس الكمامة .....
ث) عزل المصابين .....
ج) تجنب التجمعات الكبيرة .....
ح) التباعد الاجتماعي .....

Reading قراءة

4. Read the text.

لماذا خرجت الأمور عن السيطرة؟

انتشر فيروس كورونا للمرة الأولى في مدينة (ووهان) الصينية في ديسمبر عام ٢٠١٩، و في يناير ٢٠٢٠ أعلنت منظمة الصحة العالمية حالة الطوارئ، ثم أكدت تحول الوباء إلى جائحة في أوائل شهر مارس. ويرى البعض أن حكومات الدول المتقدمة لم تتعامل مع هذه الأزمة بشكل فعَال. ولو اتخذت الحكومات الإجراءات اللازمة مثل فرض الإغلاق والاختبارات وعزل المصابين من اليوم الأول، لتمكنت من منع انتشار العدوى.

لكن على النقيض من ذلك، كانت الاستجابة بطيئة ومترددة وجاءت بعد فوات الأوان. وخير مثال على ذلك ما حدث في الولايات المتحدة. لو لم يقلل الرئيس الأمريكي حينئذ (دونالد ترامب) من مخاطر الفيروس الجديد خلال الأشهر الأولى لما تدهورت الأوضاع بهذا الشكل. لكن الأمور خرجت عن السيطرة وأدت إلى زلزلة الاقتصاد العالمي.

وما زاد الطين بلة أن العديد من الناس لم يصدقوا حقيقة وجود الفيروس من الأساس. من المعروف أن الإنكار وسيلة يستخدمها الناس للدفاع عن أنفسهم ضد القلق. والإنكار قصير الأجل مفيد لأنه يساعد الشخص في التأقلم مع الظروف الصعبة، لكن إذا طالت فترة الإنكار فإنه يمنع الشخص من مواجهة الواقع. لو التزم الناس بالتباعد الاجتماعي ولبسوا الكمامة وتجنبوا التجمعات الكبيرة من البداية لما ارتفع عدد المصابين بهذه السرعة.

5. Are these statements true or false?

أ) انتشر فيروس كورونا حول العالم في أقل من ثلاثة أشهر.
ب) فرض الإغلاق لم يكن من الإجراءات الفعالة لمنع الجائحة.
ت) الرئيس الأمريكي حينئذ لم يتسبب في تدهور الأوضاع.
ث) الناس الذين أنكروا وجود الفيروس كانوا على الحق في البداية.
ج) التباعد الاجتماعي إجراء فعال في مواجهة الأوبئة.

6. Answer the questions.

أ) كيف انتشرت الجائحة في البداية؟
ب) ماذا كان السبب في انتشارها بسرعة؟

ت) ما بعض الإجراءات اللازمة لمنع انتشار الوباء؟
ث) كيف تطورت الأوضاع في الولايات المتحدة؟ ولماذا؟
ج) لماذا أنكر بعض الناس وجود الفيروس؟
ح) ما بعض الإجراءات التي يجب أن يتخذها كل شخص لمنع انتشار العدوى؟

7. In small groups, act out a conversation about the necessary measures for preventing the spread of contagious diseases.

8. Follow-up. Find out about the impact of Covid-19 in different Arab countries. Present in class.

Vocabulary and Expressions مفردات وعبارات

9. Study the following words. In what context was each one used in the book?

measure	إجْراء ج ات
to respond	استجاب ل
to hesitate	تردد
to deteriorate	تَدَهْوَر
to take control	سَيْطَر على
to shake	زَلْزَل
to deny	أنكر
to believe to be true	صدّق
to acclimate	تأقْلَم
to adhere to	التزم بـ

10. Fill in each question with a word from the table above. Answer the questions.

أ) ما بعض ..... التي يتخذها الناس لمنع الأمراض بشكل عام؟
ب) كيف ..... حكومة بلدك لأزمة انتشار فيروس كورونا؟
ت) هل تعرفون أحدًا كان ...... وجود جائحة كوفيد ١٩؟
ث) ما بعض قواعد السلوك التي يجب أن ..... بها عندما تنتشر الجائحة؟
ج) ما بعض الأشياء التي تساعد الناس في ..... مع الظروف الصعبة؟
ح) هل هناك أخبار لم .....ـها، ولماذا؟
خ) بالإضافة إلى كوفيد ١٩، ما الأحداث التي ..... الاقتصاد العالمي؟
د) ما بعض المشاكل العالمية التي ..... ولا تتحسن؟

11. What springs to mind when you read these phrases?

أ) زلزلة الاقتصاد العالمي
ب) تدهور الأوضاع
ت) خروج الأمور عن السيطرة
ث) وسيلة للدفاع عن النفس
ج) مواجهة الواقع.

12. Complete each sentence with your ideas.

أ) يجب أن نلتزم .....
ب) أحيانًا لا أستطيع أن أسيطر .....
ت) من الصعب أن نتأقلم .....
ث) كل شخص يجب أن يدافع .....
ج) يجب أن نتجنب ......

13. Study the following expressions. In what context was each one used in the text?

state of emergency	حالة الطوارئ
too late	بعد فوات الأوان
to the contrary	على النقيض من ذلك
what made things much worse	ما زاد الطين بلة
in the first place	من الأساس

14. Complete each statement with your ideas. Compare with a partner.

أ) إعلان حالة الطوارئ .....
ب) من الأشياء التي حدثت بعد فوات الأوان .....
ت) خلال الجائحة، عمل بعض الناس من البيت، على النقيض من ذلك، الأطباء .....
ث) بعض الناس أنكر وجود كوفيد ١٩، وما زاد الطين بلة .....
ج) من الأشياء التي لا أصدقها من الأساس .....

Verbs and Verb Forms أفعال وأوزان

15. Review quadrilateral verbs. Complete the table below.

اسم المفعول	اسم الفاعل	المصدر	المضارع	الماضي
			سيطر	
		التأقلم		
			يزلزل	
				تدهور

16. Fill in each space with a word from the chart above. Discuss two statements.

أ) من المتوقع أن ...... الأوضاع في العالم إذا ظهر وباء جديد.
ب) اتخاذ كل الإجراءات اللازمة يمكن أن يمنع الأوضاع من الـ...... .
ت) الشخص الذي ..... مع الظروف بسرعة شخص إيجابي.
ث) الـ ..... مع الظروف مهم للبقاء على قيد الحياة.
ج) يخاف الناس عندما تخرج الأمور عن ..... .
ح) لم تستطع حكومات الدول المتقدمة أن ..... على فيروس كورونا في البداية.
خ) الجوائح دائمًا ..... العالم وتتسبب في تغيير أسلوب الحياة.
د) لا تؤدي الجائحة إلى ..... الاقتصاد فحسب، بل الأنظمة السياسية أيضًا.

Language Functions وظائف لغوية

Speculating about the Past

To speculate about the past and talk about how things could have been different, we can use the conditional sentence with the following structure:

لو	←	الفعل الماضي	←	لـ	←	الفعل الماضي

Both the condition and the result are contrary to the facts, as they refer to a past event that can no longer be changed. We often use this type of the conditional to express regrets and talk about situations that we are sorry they happened or didn't happen.

If all people **had adhered** to social distancing, the pandemic **would have ended** quickly.	**لو التزم** كل الناس بالتباعد الاجتماعي **لانتهت** الجائحة بسرعة.
If the government **had responded** quickly, it **would have prevented** the spread of the virus.	**لو استجابت** الحكومة بسرعة **لمنعت** الفيروس من الانتشار.

We negate the condition with لـم followed by الفعـل المضـارع المجـزوم, and the result with مـا.

لو	←	لم + الفعل المضارع المجزوم	←	لـ	←	ما + الفعل الماضي

If they **had not attended** the gathering, they **would not have** been infected by Covid.	**لو لم يحضروا** التجمع **لما أصيبوا** بكوفيد.
If the pandemic **had not spread**, we **would not have lived** isolated.	**لو لم تنتشر** الجائحة **لما عشنا** معزولين.

17. Find the above structures in the text and highlight them. Translate the sentences in which thy appear into English.

18. Combine each set of two sentences below into one conditional sentence that talks about how things could have been different.

أ) انتشرت الجائحة. أُغلقت المدارس.
ب) لم يذهب الأطفال إلى المدرسة. لم يكونوا صداقات قوية.
ت) لم يفهم الأطفال دروسهم. لم ينجحوا في الامتحانات.
ث) شارك أصدقائي في المظاهرة. أصيبوا بالفيروس.
ج) أصيبوا بالفيروس. لم يحضروا دروسهم.
ح) لم يهتم الناس بالإجراءات. خرجت الأمور عن السيطرة.
خ) تسببت الجائحة في الأزمة الاقتصادية. فقد الكثير من الناس عملهم.
د) فقد عمله. أصيب بالاكتئاب.

Role-Playing لعب الأدوار

19. Work with a partner to do the following role-play. Change roles.

دور أ	دور ب
تعتقد/تعتقدين أن الجائحة أثرت في العالم بشكل إيجابي. عبر/عبري عن الندم على أشياء فعلتها أو لم تفعلها/تفعليها أيام الجائحة.	تعتقد/تعتقدين أن الجائحة أثرت في العالم بشكل سلبي. عبّر عن الندم على أشياء فعلتها أو لم تفعلها/تفعليها أيام الجائحة.

Useful expressions

To express regrets about the past

I wish . . .	أتمنى لو + الفعل الماضي
If only I . . .	يا ليتني + الفعل الماضي
I regret that I . . .	أنا نادم/ة لأنني + الفعل الماضي

To respond to the expression of regrets

It is water under the bridge.	ما فات مات.
Let bygones be bygones.	عفا الله عما سلف.

Writing كتابة

20. Write about some of your past regrets. Include the following structures and expressions in your writing:

أ) الجملة الشرطية: لو . . . لـ...
ب) بعد فوات الاوان
ت) على النقيض من ذلك
ث) ما زاد الطين بلَة
ج) من الأساس

Up for Discussion مطروح للنقاش

21. Discuss the following questions and add some of your own.

أ) ما كان تأثير جائحة كوفيد ١٩ فيك والناس المقربين منك؟
ب) كيف تعاملت حكومة بلدك مع هذه الأزمة؟ ما الأشياء التي تتمنى/تتمنين لو كانت مختلفة؟
ت) كيف أثرت الجائحة في مجال التعليم بشكل خاص؟
ث) ما بعض الأشياء التي تتمنى/تتمنين لو تحققت، لكنها لم تتحقق؟
ج) ما بعض الأحداث التاريخية التي تتمنى/تتمنين لو لم تحدث، ولماذا؟

Appendix 1: Verb Form Patterns

أوزان الفعل

Verb Form Patterns أوزان الفعل

Passive Participle اسم المفعول	Active Participle اسم الفاعل	Verbal Noun المصدر	Present Tense المضارع	Past Tense الماضي	Form الوزن
مُفعَّل	مُفعِّل	تفْعِيل	يُفعِّل	فعَّل	II
مُفاعَل	مُفاعِل	مُفاعَلة، فِعال	يُفاعِل	فاعَل	III
مُفعَل	مُفْعِل	إفْعال	يُفْعِل	أفْعَل	IV
متفعَّل	مُتَفَعِّل	تَفَعُّل	يَتَفَعَّل	تَفَعَّل	V
متفاعَل	مُتَفاعِل	تَفاعُل	يَتَفاعَل	تَفاعَل	VI
	مُنْفَعِل	اِنْفِعال	يَنْفَعِل	اِنْفَعَل	VII

مُفْتَعَل	مُفْتَعِل	اِفْتِعال	يَفتَعِل	اِفْتَعَل	VIII
	مُفْعِلّ	اِفْعِلال	يَفْعَلُّ	اِفْعَلَّ	IX
مُسْتَفْعَل	مُسْتَفْعِل	اِسْتِفْعَال	يَسْتَفْعِل	اِسْتَفْعَل	X

Verb Form Patterns: Examples أوزان الفعل: الأمثلة

Passive Participle اسم المفعول	Active Participle اسم الفاعل	Verbal Noun المصدر	Present Tense المضارع	Past Tense الماضي	Form الوزن
مُقَدَّم	مُقَدِّم	تقديم	يقدِّم	قَدَّم	II
مُساعَد	مُساعِد	مُساعَدة	يُساعِد	ساعَد	III
مُدافَع	مُدافِع	دِفاع	يُدافِع	دافَع	III
مُعْلَن	مُعْلِن	إعْلان	يُعْلِن	أَعْلَن	IV
مُتَعَلَّم	مُتَعَلِّم	تَعَلُّم	يَتَعَلَّم	تَعَلَّم	V
مُتَعارَف	مُتَعارِف	تَعارُف	يَتَعارَف	تَعارَف	VI
	مُنْقَلِب	اِنْقلاب	يَنْقَلِب	اِنْقَلَب	VII
مُجْتَمَع	مُجْتَمِع	اِجْتِماع	يَجْتَمِع	اِجْتَمَع	VIII
	مُحْمِرّ	اِحْمِرار	يَحْمَرّ	اِحْمَرّ	IX
مُسْتَقْبَل	مُسْتَقْبِل	اِسْتِقْبال	يَسْتَقْبِل	اِسْتَقْبَل	X

Appendix 2: Hollow Verbs

الفعل الأجوف

Form I: Three Groups

Group 3 Middle radical: الياء or الواو	Group 2 Middle radical: الياء	Group 1 Middle radical: الواو
نام، ينام (to sleep)	سار، يسير (to walk)	قال، يقول (to say)

Past Tense Conjugation

قال، يقول

3rd person		2nd person		1st person	
Fem.	Masc.	Fem.	Masc.		
قالَتْ	قالَ	قُلْتِ	قُلْتَ	قُلْتُ	Singular
قالَتا	قالَا	قُلْتُما	قُلْتُما		Dual
قُلْنَ	قالوا	قُلْتُنَّ	قُلْتُم	قُلْنا	Plural

سار، يسير

3rd person		2nd person		1st person	
Fem.	Masc.	Fem.	Masc.		
سارَتْ	سار	سِرْتِ	سِرْتَ	سِرْتُ	Singular
سارَتا	سارا	سِرْتُما	سِرْتُما		Dual
سِرْنَ	ساروا	سِرْتُنَّ	سِرْتُم	سِرْنا	Plural

نام، ينام

3rd person		2nd person		1st person	
Fem.	Masc.	Fem.	Masc.		
نامت	نام	نِمْتِ	نِمتَ	نِمت	Singular
نامتا	ناما	نِمْتما	نِمْتما		Dual
نِمْنَ	ناموا	نِمْتُنّ	نِمْتم	نِمْنا	Plural

Present Tense Conjugation

قال، يقول

3rd person		2nd person		1st person	
Fem.	Masc.	Fem.	Masc.		
تقول	يقول	تقولين	تقول	أَقول	Singular
تقولان	يقولان	تقولان	تقولان		Dual
يَقُلْنَ	يقولون	تقُلْنَ	تقولون	نَقول	Plural

سار، يسير

3rd person		2nd person		1st person	
Fem.	Masc.	Fem.	Masc.		
تَسِير	يَسِير	تَسيرِين	تَسير	أَسير	Singular
تسِيران	يَسِيران	تَسِيران	تَسِيران		Dual
يِسرْن	يَسِيرون	تَسِرْن	تَسِيرون	نَسير	Plural

سار، يسير

3rd person		2nd person		1st person	
Fem.	Masc.	Fem.	Masc.		
تَنام	يَنام	تَنامِين	تَنام	أنام	Singular
تَنامان	يَنامان	تَنامان	تَنامان		Dual
يَنَمْن	يَنامُون	تَنَمْن	تَنامُون	نَنام	Plural

Verb Form Patterns أوزان الفعل

Passive Participle اسم المفعول	Active Participle اسم الفاعل	Verbal Noun المصدر	Present Tense المضارع	Past Tense الماضي	Form الوزن (middle consonant)
مُعوَّد	مُعَوِّد	تعويد	يُعَوِّد	عَوَّد	II (و)
مُغيَّر	مُغيِّر	تغيير	يغيِّر	غَيّر	II (ي)
مُحاوَل	مُحاوِل	مُحاولة	يُحاول	حاول	III (و)
مُغايَر	مُغايِر	مغايرة	يغاير	غاير	III (ي)
مجاب	مجيب	إجابة	يجيب	أجاب	IV (و)
مفاد	مفيد	إفادة	يُفيد	أفاد	IV (ي)
*	مُتعوِّد	تَعَوُّد	يَتَعَوَّد	تعود	V (و)
*	مُتَغَيِّر	تغير	يَتَغَيَّر	تغير	V (ي)
	مُتَناوِم	تَناوُم	يَتناوم	تناوم	VI (و)
	مُتَعايِش	تعايش	يتعايش	تعايش	VI (ي)
	مُنقاد	انقياد	ينقاد	انقاد	VII (و)
	منباع	انبياع	ينباع	انباع	VII (ي)
*محتاج	مُحْتاج	احتياج	يحتاج	احتاج	VIII (و)
مُخْتار	مُخْتار	اختيار	يختار	اختار	VIII (ي)

	مُسْوَدّ	اسْوِداد	يَسْوَدّ	اسْوَدّ	XI (و)
	مُبْيَضّ	ابْيِضاض	يَبْيَضّ	ابْيَضّ	XI (ي)
مستجاب	مستجيب	استجابة	يستجيب	استجاب	X (و)
مستفاد	مستفيد	استفادة	يستفيد	استفاد	X (ي)

*Note that form V and VIII verbs with a transitive meaning (i.e., verbs that take a direct object) have a passive participle, while those with an intransitive meaning do not. For example, the form V verb تعود (meaning "to get or be accustomed") does not take an object, so it does not have the passive participle. However, the verb تصور (meaning "to imagine") takes an object and therefore has a passive participle: مُتَصّوَّر.

Appendix 3: Weak Verbs

الفعل الناقص

Form I: Four Groups

Group 4 Final radical: الياء	Group 3 Final radical: الياء	Group 2 Final radical: الياء	Group 1 Final radical: الواو
سعى، يسعى (to strive)	نَسِي، ينسَى (to forget)	مَشَى، يمْشي (to walk)	دعا، يدْعو (to call)

Group 1: دعا، يدعو

Past tense conjugation

3rd person		2nd person		1st person	
Fem.	Masc.	Fem.	Masc.		
دَعَتْ	دَعا	دَعَوْتِ	دَعَوْتَ	دَعَوْتُ	Singular
دَعَتا	دَعَوَا	دَعَوْتُما	دَعَوْتُما		Dual
دَعَوْنَ	دَعَوْا	دَعَوْتُنّ	دَعَوْتُمْ	دَعَوْنا	Plural

Present tense conjugation سار، يسير

Present tense conjugation

3rd person		2nd person		1st person	
Fem.	Masc.	Fem.	Masc.		
تَدْعو	يَدْعو	تَدْعِين	تَدْعو	أَدْعُو	Singular
تدْعُوَان	يَدْعُوَان	تَدْعُوَان	تَدْعُوَان		Dual
يَدْعُون	يَدْعُون	تَدْعُون	تَدْعُون	نَدْعو	Plural

Group 2: مَشَى، يَمْشي

Past tense conjugation

3rd person		2nd person		1st person	
Fem.	Masc.	Fem.	Masc.		
مَشَتْ	مَشَى	مَشَيْتِ	مَشَيْتَ	مَشَيْتُ	Singular
مشتا	مَشَيا	مشيتُما	مشيْتُما		Dual
مَشَيْنَ	مَشَوْا	مَشَيْتُنّ	مَشَيْتم	مَشَيْنا	Plural

Present tense conjugation

3rd person		2nd person		1st person	
Fem.	Masc.	Fem.	Masc.		
تَمْشي	يَمْشي	تَمْشين	تَمْشي	أَمْشي	Singular
تمشيان	يمشيان	تمشيان	تمشيان		Dual
يَمْشِين	يَمْشُون	تَمْشِين	تَمْشُونَ	نَمْشي	Plural

Group 3: نَسِيَ، يَنْسَى

Past tense conjugation

3rd person		2nd person		1st person	
Fem.	Masc.	Fem.	Masc.		
نَسِيَتْ	نَسِيَ	نَسِيْتِ	نَسِيْتَ	نَسِيْتُ	Singular
نَسِيتا	نَسِيا	نَسِيْتما	نَسِيْتما		Dual
نَسِينَ	نَسَوْا	نَسِيتُنّ	نَسِيتم	نَسِينا	Plural

Present tense conjugation

3rd person		2nd person		1st person	
Fem.	Masc.	Fem.	Masc.		
تَنْسَى	يَنْسَى	تَنْسين	تَنْسَى	أنْسَى	Singular
تنسيان	ينسيان	تنسيان	تنسيان		Dual
ينسَيْن	يَنسون	تَنْسَيْن	تَنْسَوْن	نَنْسَى	Plural

Group 4: سَعْىَ، يَسْعَى

Past tense conjugation

3rd person		2nd person		1st person	
Fem.	Masc.	Fem.	Masc.		
سَعَت	سَعَى	سعيتِ	سَعَيْتَ	سَعَيْتُ	Singular
سَعَتَا	سَعَيا	سَعَيتما	سَعَيْتُما		Dual
سَعَيْن	سَعَوْا	سَعَيْتُنَّ	سَعَيْتم	سَعَيْنا	Plural

Present tense conjugation

3rd person		2nd person		1st person	
Fem.	Masc.	Fem.	Masc.		
تَسْعَى	يسعى	تَسْعين	تَسْعَى	أسْعَى	Singular
تسعيان	يسعيان	تسعيان	تسعيان		Dual
يسعَيْن	يسعَوْن	تسعَيْن	تَسْعَوْن	نَسْعَى	Plural

Weak Verb Forms أوزان الفعل الناقص

Passive Participle اسم المفعول	Active Participle اسم الفاعل	Verbal Noun المصدر	Present Tense المضارع	Past Tense الماضي	Form الوزن
مسمًّى	مُسَمٍّ	تَسْمِيَة	يُسَمّي	سَمَّى	II
مُساوىً	مُساوٍ	مُساواة	يُساوي	ساوَى	III
معطىً	مُعطٍ	إعْطاء	يُعْطِي	أعْطَى	IV
مُتَّمَنىً	مُتمنٍّ	تَمنٍّ	يَتمنى	تَمَنَّى	V*
مُتَعالًى	مُتَعالٍ	تَعالٍ	يتعالى	تَعالَى	VI*
	منقضٍ	انْقضاء	ينْقَضِي	انقضى	VII
مُنْتَهىً	مُنتهٍ	اِنْتِهاء	يَنتهي	انتهى	VIII
					IX rare
مُسْتَثْنىً	مُسْتَثْنٍ	اِسْتِثْناء	يَسْتثني	اِسْتَثْنَى	X

*Note that all forms are conjugated like مشى، يمشي except for forms V and VI, which are conjugated like سعى، يسعى.

Appendix 4: Geminate Verbs

الفعل المضعف

مرّ، يمُرّ

Past tense conjugation

3rd person		2nd person		1st person	
Fem.	Masc.	Fem.	Masc.		
مّرَّتْ	مَرّ	مَرَرْتِ	مَرَرْتَ	مَرَرْتُ	Singular
مرّتا	مرّا	مررتُما	مررْتُما		Dual
مَررْنَ	مَرّوا	مَرَرْتُنّ	مَرَرْتُمْ	مَرَرْنا	Plural

Present tense conjugation

3rd person		2nd person		1st person	
Fem.	Masc.	Fem.	Masc.		
تَمُرّ	يَمُرّ	تَمُرّين	تَمُرّ	أَمُرّ	Singular
تَمُرّان	يَمُرّان	تَمُرّان	تَمُرّان		Dual
يَمْررن	يمرّون	تَمررن	تَمُرّون	نَمُرّ	Plural

Geminate Verb Forms أوزان الفعل المضعف

Passive Participle اسم المفعول	Active Participle اسم الفاعل	Verbal Noun المصدر	Present Tense المضارع	Past Tense الماضي	Form الوزن
محقَّق	محقِّق	تحقيق	يحقّق	حقّق	II
مُقاصّ	مُقاصّ	مُقاصَصة	يُقاصِص	قاصَص	III
مُحَقّ	مُحِقّ	إحْقاق	يُحِقّ	أَحَقّ	IV
	متحقِّق	تَحَقُّق	يَتَحقّق	تَحَقَّق	V
					VI
	مُنْضَمّ	انْضِمام	يَنْضَمّ	انضمّ	VII
مُحْتَلّ	مُحْتَلّ	اِحْتِلال	يَحتلّ	اِحْتَلّ	VIII
					IX rare
	مُسْتَمِرّ	اِسْتِمْرار	يَسْتَمِرّ	اِسْتَمَرّ	X

Appendix 5: The Imperative

فعل الأمر

To form the imperative, we take the second person of the jussive form of the verb/ الفعل المجزوم and then remove the prefix تـ - .

- If the remaining stem starts with a consonant + vowel, this is the imperative form.
- If the remaining stem starts with a consonant + *sukun*, we prefix it with اُ or اِ .
    1. If the middle vowel of the verb is *damma*, the prefix for the imperative is اُ.
    2. If the middle vowel is *fatha* or *kasra*, the prefix for the imperative is اِ .

1. Middle vowel *damma*

Imperative	Jussive	Person
اُكْتُب	تَكْتُبْ	أنتَ
اُكْتُبي	تَكْتُبي	أنتِ
اُكْتُبا	تَكْتُبا	أنتما
اُكْتُبوا	تَكْتُبوا	أنتم
اُكْتُبْنَ	تَكْتُبْنَ	أنتن

2. Middle vowel *fatHa*

اِفتَح	تَفْتَح	أنتَ
اِفتَحي	تَفْتَحي	أنتِ
اِفتَحا	تَفْتَحا	أنتما
اِفتَحوا	تَفْتَحوا	أنتم
اِفتَحْنَ	تَفْتَحْنَ	أنتن

3. Middle vowel *kasra*

اِجْلِسْ	تَجْلِس	أنتَ
اِجْلِسي	تَجْلِسي	أنتِ
اِجْلِسا	تَجْلِسا	أنتما
اِجْلِسُوا	تَجْلِسوا	أنتم
اِجْلِسْنَ	تَجْلِسْنَ	أنتن

Exceptions

Imperative	Jussive	Verb
خُذ	تأْخُذْ	أخذ
كُلْ	تأكُلْ	أكل
سَلْ / اِسألْ	تَسألْ	سأل

Hollow verbs

Imperative	Jussive	Person
قُلْ	تَقُلْ	أنتَ
قولي	تَقُولي	أنتِ
قولا	تَقُولا	أنتما
قولوا	تَقولوا	أنتم
قُلْنَ	تقلْنَ	أنتن

Weak verbs

Imperative	Jussive	Person
اِجْرِ	تَجْرِ	أنتَ
اِجري	تَجري	أنتِ
اِجريا	تَجْريا	أنتما
اِجْروا	تَجْروا	أنتم
اِجْرين	تَجْرين	أنتن

Geminate verbs

Imperative	Jussive	Person
رُدَّ	تَرُدَّ	أنتَ
رُدّي	تَرُدّي	أنتِ
رُدّا	تَرُدّا	أنتما
رُدّوا	تَرُدّوا	أنتم
ارْدُدْنَ	تَرْدُدْنَ	أنتن

Verbs starting with الواو

Imperative	Jussive	Person
قِفْ	تَقِفْ	أنتَ
قِفي	تَقِفي	أنتِ
قِفا	تَقِفا	أنتما
قِفوا	تَقِفوا	أنتم
قِفْنَ	تَقِفْنَ	أنتن

Verb forms

Imperative	Jussive	Person
قَدِّمْ	تُقدّمْ	II
ساعِد	تساعدْ	III
أَرْسِلْ	تُرْسِلْ	IV*
تَعلمْ	تَتَعلمْ	V
تَعارفْ	تَتَعارفْ	VI
انْفَعِلْ	تنْفعلْ	VII
اِجْتَمِعْ	تجتمعْ	VIII
اِسْتَقْبِلْ	تستقبلْ	X

*Note that the imperative prefix in form IV is أَ.

Hollow verb forms

Imperative	Jussive	Person
صَوِّرْ	تُصَوِّرْ	II
حاوِلْ	تُحاوِلْ	III
أَجِبْ	تُجِبْ	IV
تَصَوَّرْ	تَتَصَوَّرْ	V
تعاوَنْ	تَتعاوَنْ	VI
اِنسَقْ	تنسَقْ	VII
اِجتَزْ	تجتَزْ	VIII
اِسْتَفِدْ	تَسْتَفِدْ	X

Weak verb forms

Imperative	Jussive	Person
غطي	تُغَطِّ	II
ساوِ	تساوِ	III
أِمْضِ	تُمضِ	IV
تخل	تتخلّ	V
تقاضَ	تتقاضَ	VI
اشترِ	تشترِ	VIII
استثنِ	تستثنِ	X

Appendix 6: The Prohibitive

النهي

The prohibitive, or negative imperative, is formed by using the negative particle لا and the jussive form of the second person verb.

Prohibitive	Jussive	Person
لا تَكْتُبْ	تَكْتُبْ	أنتَ
لا تَكْتُبِي	تَكْتُبِي	أنتِ
لا تَكْتُبَا	تَكْتُبَا	أنتما
لا تَكْتُبُوا	تَكْتُبُوا	أنتم
لا تَكْتُبْنَ	تَكْتُبْنَ	أنتن

Hollow verbs

Prohibitive	Jussive	Person
لا تَقُلْ	تَقُلْ	أنتَ
لا تَقُولي	تَقُولي	أنتِ
لا تَقُولا	تَقُولا	أنتما
لا تقولوا	تقولوا	أنتم
لا تقلْنَ	تقلْنَ	أنتن

Weak verbs

Prohibitive	Jussive	Person
لا تَجْرِ	تَجْرِ	أنتَ
لا تجري	تَجْري	أنتِ
لا تجريا	تَجْريا	أنتما
لا تَجْروا	تَجْروا	أنتم
لا تَجْرين	تَجْرين	أنتن

Geminate verbs

Prohibitive	Jussive	Person
لا تَرُدَّ	تَرُدَّ	أنتَ
لا تَرُدّي	تَرُدّي	أنتِ
لا تَرُدّا	تَرُدّا	أنتما
لا تَرُدّوا	تَرُدّوا	أنتم
لا تَرْدُدْنَ	تَرْدُدْنَ	أنتن

Verbs starting with الواو

Prohibitive	Jussive	Person
لا تَقِفْ	تَقِفْ	أنتَ
لا تَقِفي	تَقِفي	أنتِ
لا تَقِفا	تَقِفا	أنتما
لا تَقِفوا	تَقِفوا	أنتم
لا تَقِفْنَ	تَقِفْنَ	أنتن

Verb forms

Prohibitive	Jussive	Person
لا تُقدّمْ	تُقدّمْ	II
لا تساعدْ	تساعدْ	III
لا تُرْسِلْ	تُرْسِلْ	IV
لا تَتَعلمْ	تَتَعَلمْ	V
لا تَتَعارفْ	تَتَعارفْ	VI
لا تَنْفعلْ	تَنْفَعِلْ	VII
لا تَجْتَمعْ	تَجْتمعْ	VIII
لا تَسْتَقْبلْ	تَسْتَقْبِلْ	X

Hollow verb forms

Prohibitive	Jussive	Person
لا تُصَوِّرْ	تُصَوِّرْ	II
لا تُحاوِلْ	تُحاوِلْ	III
لا تُجِبْ	تُجِبْ	IV
لا تَتَصَوَّرْ	تَتَصَوَّرْ	V
لا تَتعاوَنْ	تَتعاوَنْ	VI
لا تنسَقْ	تنسَقْ	VII
لا تجتَزْ	تجتَزْ	VIII
لا تَسْتَفِدْ	تَسْتَفِدْ	X

Weak verb forms

Prohibitive	Jussive	Person
لا تُغَطِّ	تُغَطِّ	II
لا تساوِ	تساوِ	III
لا تُمضِ	تُمضِ	IV
لا تتخلّ	تَتَخَلَّ	V
لا تتقاضَ	تَتَقاضَ	VI
لا تَشْترِ	تَشْتَرِ	VIII
لا تَسْتَشْنِ	تَسْتَشْنِ	X

Appendix 7: Useful Expressions

Useful Expressions

To make questions sound less intrusive:

Could you tell me why . . .? هل يمكنك أن تقول لي لماذا . . .؟

I wonder why . . .? ترى لماذا . . .؟

To introduce something unpleasant or sensitive:

Honestly . . . بصراحة . . .

To correct someone politely:

Actually . . . في الحقيقة . . .

To ask a question about the purpose politely:

Could you tell me what's the point of…? هل يمكن أن تقول لي ما الهدف من . . .؟

To agree

I am with you. أنا معك

To disagree in a polite way

I am with you but, actually . . .	أنا معك ولكن، في الحقيقة . . .

Asking for input

How do you study (grammar)?	كيف تذاكر (القواعد)؟
What method do you use to . . .?	ما الطريقة التي تستخدمها لـ...؟
What are some strategies for . . .?	ما بعض الاستراتيجيات لـ...؟

Moving on

Good. And what about . . .?	طَيِّب، وماذا عن . . .؟
Let's move to another point . . .	دَعْنا ننتقل إلى نقطة أخرى . . .

Soliciting opinions about the future

What is your opinion on the future of . . .?	ما رأيكم في مستقبل . . .؟
How do you imagine . . .?	كيف تتخيل/ين . . .؟

Expressing opinions

I believe/think that . . .	أعتقد أنّ + الجملة الاسمية
I think that . . .	أظنُّ أنّ + الجملة الاسمية

Introducing a strong opinion

There is no doubt that . . .	لا شك أنّ . . .

Introducing a weak opinion

It seems to me that . . .	يبدو لي أنّ . . .

Asking for advice

What do you think I should do?	ما رأيك، ماذا عليّ أن أفعل؟
	بماذا تنصحني؟
I need advice.	أحتاج إلى نصيحة.

Giving advice

You should . . .	عليك أنْ + المضارع المنصوب
My advice is to . . .	نصيحتي أنْ + المضارع المنصوب
It is important that you . . .	من المُهِمّ أنْ + المضارع المنصوب

Responding positively to advice

A great idea! Why didn't I think about it?	فكرة ممتازة، لم تَخْطُر لي من قبل!
Good. I'll take your advice.	طيب، سأعمل بنصيحتك
Sure, I can try this, why not?	أكيد، يمكنني أن أجرب هذا، لماذا لا؟

Responding negatively to advice

Good idea but I need to think about it.	فكرة جيدة لكن أحتاج إلى التفكير فيها.
I don't think this is the solution but thanks anyway.	لا أعتقد أن هذا هو الحل، لكن شكرًا على أي حال.

Interrupting

One moment please.	لحظة من فضلك.
I am sorry to interrupt but . . .	أنا آسف/آسفة على المقاطعة ولكن . . .

Holding the floor

No, do not interrupt me.	لا، لا تقاطعني.
Please hear me out.	من فضلك اسمعني للنهاية.

Expressing lack of understanding and asking for clarification

I am sorry, I didn't get the idea.	أنا آسف/آسفة، لم أفهم الفكرة.
What do you mean by this?	ماذا تقصد بذلك؟

Clarification

Let me explain.	دَعْني/دعيني أشرح لك.
So, in other words . . .	يعني، بعبارة أخرى . . .

To list qualities in order

first	أولًا
first and foremost	أولًا وقبل كل شيء
second, third, fourth, etc.	ثانيًا، ثالثًا، رابعًا، إلخ
then	ثم
finally	أخيرًا
last but not least	أخيرًا وليس آخرًا

Adding information

also	أيضًا/كذلك
in addition	بالإضافة إلى ذلك
furthermore	علاوةً على ذلك

To draw a conclusion

therefore	لذلك فإنّ + جملة اسمية
so, then	إذن فإن + جملة اسمية
this means that	ومعنى ذلك أنّ + جملة اسمية
what could be inferred is	وما يمكن استنتاجه هو أنّ

To introduce a joke

Did you hear the latest joke?	سمعت آخر نكتة؟

To react to a good joke

That was a good one!	نكتة جيدة!
This joke is really funny.	هذه النكتة مضحكة جدًا!

To react to a bad joke

This is such a bad joke.	نكتة بائخة جدًا.
I don't think this joke is funny.	لا أظن أن هذه النكتة مضحكة.

Expressing preferences

I much prefer A over B.	أفضّل (أ) على (ب) كثيرًا.
I am inclined to choose . . .	أميل إلى اختيار . . .
I swear to God, (this is) much better!	والله هذا أفضل بكثير!
Truly, there is no comparison.	في الحقيقة، لا مجال للمقارنة

When talking about pros and cons

Everything has a positive and a negative side to it.	كل شيء له إيجابيات وسلبيات.
Among the advantages/disadvantages . . .	من ضمن المميزات/السلبيات . . .
The most important advantage/disadvantage is . . .	أهم ميزة/عيب . . .
The upside is . . .	الجانب الإيجابي هو . . .
The downside is . . .	الجانب السلبي هو . . .
On the one hand . . . on the other hand . . .	من ناحية . . . من ناحية أخرى . . .
From another point of view . . .	من وجهة نظر أخرى . . .

Generalizing

in particular	خصوصًا
specifically	تحديدًا

Giving examples

for example	فمثلًا
for instance	على سبيل المثال

To sequence events in a story

at the beginning	في البداية
initially	في بادئ الأمر
after that	بعد ذلك
after a while	بعد فترة
then	ثُمّ
finally	أخيرًا
eventually	في نهاية المطاف

Making suggestions

I have an idea.	عندي فكرة.
Let me say this, . . .	اسمح/اسمحي لي أن أقول . . .

Positively responding	
An excellent idea!	فكرة ممتازة!
This will be really beneficial.	هذا سيكون مفيدًا جدًا.
Negatively responding	
Allow me to disagree.	اِسْمَحْ/اسمحي لي أن أختلف معك.
I don't think this is realistic.	لَا أظنّ أن هذا واقعيّ.
Insisting on a point	
I am certain that . . .	أنا متأكد/ة أنّ . . .
It is beyond doubt that . . .	لا مجال للشكّ أنّ . . .
Suggesting an alternative viewpoint	
Have you thought about . . .?	هل فكرت في . . .
And what about . . .?	وماذا عن . . .؟
To speculate about the future	
I wouldn't be surprised if . . .	لن أتفاجأ إذا . . .
in all probability	على الأرجح
To give yourself time to think	
Let me think about the issue for a bit.	دعني/دعيني أفكر في الموضوع قليلًا.
It is an excellent question, but I haven't thought about it before. What do you think?	هذا سؤال ممتاز لكن أنا لم أفكر فيه من قبل. ما رأيك أنت؟
This needs more thinking.	هذا يحتاج إلى مزيد من التفكير.
To express regrets about the past	
I wish . . .	أتمنى لو + الفعل الماضي
If only I . . .	يا ليتني + الفعل الماضي
I regret that . . .	أنا نادم/نادمة لأنني . . .
To respond to the expression of regrets	
It is water under the bridge.	ما فات مات.
Let bygones be bygones.	عفا الله عمّا سَلَف.